Émergences

Du même auteur

Poésie

L'Anti-Livre (avec Jacques Savoie et Gilles Savoie), Éditions de l'Étoile Maganée, 1972
Mourir à Scoudouc, Éditions d'Acadie, 1974
Rapport sur l'État de mes Illusions, Éditions d'Acadie, 1976
Prophéties, Michel Henry Éditeur, 1986
Vous, Éditions d'Acadie, 1991
l'Événement Rimbaud (avec Claude Beausoleil et Gérald LeBlanc), Éditions Perce-Neige/Écrits des Forges, 1991
Existences, Éditions Perce-Neige/Écrits des Forges, 1991
Vermeer, Éditions Perce-Neige / Écrits des Forges, 1992
Miniatures, Éditions Perce-Neige, 1995
Climats, Éditions d'Acadie, 1996
Conversations, poésie, Éditions d'Acadie, 1998 (prix du Gouverneur général)
Actions, poésie, éditions Traits d'union, 2000

Prose

Brunante, XYZ éditeur, 2000

Légendes, Éditions J'ai VU, 2000

Théâtre

Aliénor, Éditions d'Acadie, 1998;
Atarelle et les Pakmaniens, (jeunesse)Michel Henry Éditeur, 1986
Laurie ou la vie de galerie, La Grande Marée/Prise de parole, 2001

Essai

Les Acadiens (avec Barry Ancelet et Antonine Maillet), Éditions DMR, 1984
Claude Roussel, (avec Patrick Laurette), Éditions d'Acadie, 1985

(Suite en fin de volume)

Herménégilde Chiasson

Émergences

Poésie

Préface de Raoul Boudreau

Collection BCF

Les Éditions L'Interligne

BIBLIOTHÈQUE CANADIENNE-FRANÇAISE (BCF) est une collection dont l'objectif est de rendre disponibles à coût modique des œuvres importantes de la littérature canadienne-française.

Catalogage avant publication de la Bibliothèque nationale du Canada
Chiasson, Herménégilde, 1946-
Émergences

(Bibliothèque canadienne-française)
Poèmes,
Publ. antérieurement sous les titres: Mourir à Scoudouc. Moncton, N.-B. : Éditions d'Acadie, 1974; et Rapport sur l'état de mes illusions. [Moncton, N.-B.] : Éditions d'Acadie, [1976].
ISBN 978-2-921463-57-7

I. Chiasson, Herménégilde, 1946- . Mourir à Scoudouc.
II. Chiasson, Herménégilde, 1946- . Rapport sur l'état de mes illusions.
III. Titre. IV. Collection: Bibliothèque canadienne-française (Vanier, Ont.)

PS8555.H465E432001 C841.'54 C2001-901402-3 PQ3919.2.C44E43 2001

Les Éditions L'Interligne
261, chemin de Montréal, bureau 310, Ottawa (Ontario) KlL 8C7
Tél. : 613-748-0850 / Téléc. : 613-748-0852
Adresse courriel : communication@interligne.ca
www.interligne.ca

Œuvre de la couverture : Herménégilde Chiasson
Conception de la couverture : Estelle de la Chevrotière Bova
Mise en pages : Stefan Psenak
Correction des épreuves : Jacques Côté

Les Éditions L'Interligne bénéficient de l'appui financier du Conseil des Arts du Canada, de la Ville d'Ottawa, du Conseil des arts de l'Ontario et de la Fondation Trillium de l'Ontario. Nous reconnaissons l'aide financière du gouvernement du Canada par l'entremise du Fonds du livre du Canada (FLC) pour nos activités d'édition.

Distribution : Diffusion Prologue Inc.

ISBN 978-2-921463-57-7

Dépôt légal : premier trimestre 2012
Dépôt légal : premier trimestre 2003
Bibliothèque nationale du Canada

PRÉFACE

Entre la première publication de *Mourir à Scoudouc* et de *Rapport sur l'état de mes illusions* et leur reprise sous le titre *Émergences*, plus d'un quart de siècle s'est écoulé. La première question à laquelle doit répondre cette préface est donc la suivante : quel est l'intérêt de la lecture de ces textes aujourd'hui?

Qu'on ait déjà lu ces œuvres ou non, une chose est certaine : il est impossible de les lire comme il y a 25 ans. Ces livres étaient alors parmi les premiers d'une littérature qui aspirait d'abord à être autre chose qu'un regard sur le passé et leur auteur, un écrivain inconnu, qui risquait de se terrer dans le silence face à l'incompréhension des siens, comme l'avait fait avant lui Ronald Després, ou de se taire pour cause de disparition imminente de son peuple, comme le prédisait déjà sans vergogne Jacques Godbout ou comme le craignait, mais ne le souhaitait pas, Pierre Nepveu. Si ces textes furent remarqués en 1974 et 1976, ils ne le doivent qu'à leur propre mérite car ils sortaient du désert ou, pour mieux dire comme Herménégilde Chiasson, de la banquise. Les qualités qui les ont fait remarquer à l'époque demeurent aujourd'hui et justifient amplement le retour sur ces deux textes.

L'intérêt des recueils réunis dans *Émergences* tient aussi à l'importance indéniable qu'a prise leur auteur. Aujourd'hui, Herménégilde Chiasson est sans doute le plus reconnu des écrivains de langue française au Canada parmi ceux qui vivent et publient leurs livres à l'extérieur du Québec. Pour un écrivain qui s'impose ces contraintes, on sait que cette reconnaissance n'est pas facile à obtenir. Mais fort de son récent Prix du Gouverneur général du Canada, Chiasson poursuit une carrière d'artiste à temps plein, sollicité de toutes parts comme un des analystes les plus perspicaces des rapports entre l'art et le monde contemporain.

Quant à l'Acadie, aux yeux de ceux qui y habitent tout au moins, il y a un monde entre celle de 1975 et celle du début du 21e siècle. L'Acadie est sortie de son isolement et a pris beaucoup d'assurance. Son existence s'inscrit toujours dans la tension fébrile du sentiment de sa précarité, comme chez tous les peuples de la terre qui ne peuvent s'abriter derrière le bouclier d'un État-nation bien à eux pour parer aux menaces de la mondialisation. Mais l'exil n'est plus la première option pour ses diplômés universitaires et le sentiment d'aliénation s'est considérablement résorbé avec la montée de la reconnaissance intérieure et extérieure. Le sentiment communautaire demeure tout aussi fort, mais il est moins inspiré par la peur de disparaître que par la fierté du rétablissement accompli. Bref, on ne peut guère lire aujourd'hui un texte acadien avec l'émotion exacerbée du sentiment de la renaissance.

Il n'est pas sûr que les premiers textes de Chiasson y perdent au change, car avec la résorption de l'intérêt du sujet, ce sont les qualités proprement littéraires du texte qui ressortent. Certes cet auteur est un anxieux chronique pour les choses de sa patrie, comme Ronsard se devait d'être un amoureux toujours déçu pour poursuivre la série de ses *Amours*, et un texte aussi récent que *Climats* garde en certains endroits le ton imprécatoire de *Mourir à Scoudouc*. La présence de la menace est indispensable à l'écrivain qu'est Chiasson et elle ne disparaîtra pas, car quand les choses semblent s'améliorer, c'est du dedans qu'elle est perçue, dans l'excès de confiance qu'il décèle chez ses compatriotes. N'est-ce pas ce qu'il affirme quand il reproche aux jeunes poètes acadiens de

« rendre les armes pour du sucre » en frayant trop facilement avec la langue anglaise?

Du point de vue de la littérature, l'origine du cri de douleur de l'écrivain ne reste-t-elle pas secondaire? L'Acadie est bien sûr omniprésente dans ces textes, mais les sentiments de perte, d'immatérialité, d'irréalité du monde, d'impuissance sont si bien rendus qu'ils dépassent les particularismes de l'exemple qui les fait naître pour atteindre à l'universalité de l'essence qui les rend reconnaissables par le plus grand nombre. C'est le premier paradoxe de l'écriture, à savoir qu'en renonçant à présenter son expérience comme une essence on arrive à communiquer l'essence de l'expérience générale à laquelle elle se rattache. C'est en cela que *Mourir à Scoudouc* est digne d'une lecture et d'une relecture.

Ainsi « Mourir » est à jamais le premier mot de l'œuvre d'Herménégilde Chiasson. Non pas « mort » comme une action révolue sur laquelle on n'a plus d'effet, mais « mourir » avec toutes les potentialités de l'infinitif dont on n'aura pas trop de toute une vie pour venir à bout. « Mourir » comme un équivalent à « vivre », comme dans l'expression « Vivre, c'est mourir ». « Mourir » dans son double sens de fin et de début, comme dans « mourir à quelque chose pour renaître autre »; « mourir à l'Acadie qui pleurniche sur sa malheureuse histoire », dit Chiasson. La douleur est un phénix et le perpétuel recommencement est déjà inscrit dans « Scoudouc » qui reprend en sens inverse sa première syllabe. Il y aura toujours une Acadie à tuer…

On a dit avec justesse de ce texte qu'il est celui de l'enfant devenu adulte. Après tous ces livres et tous ces films et toutes ces expositions, Herménégilde Chiasson reste cet enfant blessé qui ne comprend pas pourquoi on lui a donné le monde si c'était pour le lui enlever, qui observe à distance le jeu des autres derrière la vitre de la nostalgie. Ces accents sublimes mélangeant le poids du quotidien et la légèreté du rêve, l'écrasement de la réalité et la fuite dans le fantastique, qui n'est parfois que la mémoire, se retrouvent dans ses meilleurs textes : *Mourir à Scoudouc*, *Prophéties*, *Vous*, *Vermeer*, *Climats*.

Mourir à Scoudouc a une manière bien particulière de faire coïncider son sujet avec la problématique de l'écriture : mettre au centre de son propos la difficulté de se dire. C'est le second paradoxe de cette écriture qui parle pour dire qu'elle n'arrive pas à dire. Les références au silence de plomb, à la parole étouffée foisonnent dans ce recueil qui se termine dans « la maison du silence ». À la lecture de l'œuvre entière, on constatera que le premier recueil annonçait déjà les obsessions fondamentales de l'auteur. Les derniers textes de *Climats* retrouvent l'autodérision et l'autocritique par amour excessif (« Acadie mon trop bel amour violé », peut-on lire dans *Mourir à Scoudouc*) qui marquent si fortement le texte originel, mais aussi la thématique de la parole étranglée, réduite au bredouillage et au grognement. La béance entre le désir et sa réalisation, par rapport à l'Acadie ou à l'écriture ou à toute autre forme de quête, est la force tragique qui meut l'œuvre de Chiasson et qui lui donne sa résonance métaphysique. L'idéal ne pourra jamais être atteint, mais l'écrivain veille à en conserver douloureusement l'idée intacte et à ne jamais renoncer à dire l'insuffisance du monde. En cela, cette œuvre s'attache à la tâche humaine la plus exaltante qui soit, et ceux qui la trouvent pessimiste n'ont qu'à retourner à leurs téléromans.

La rupture ironique, humoristique, le dérapage de la parole dans le délire construit est un autre trait de cette écriture qui n'a pas désarmé. Mais l'éclatement du texte dans son envers ludique est rarement proposé pour lui-même. Il intervient souvent comme soupape pour délester d'un trop-plein d'émotion, de gravité, de tragique. Il apparaît parfois comme un renoncement, comme un recul devant la responsabilité de l'écriture, comme si on n'avait pas le droit de se prendre pour sujet, comme si on ne méritait pas d'être pris au sérieux, comme si le poète nous disait : « Rassurez-vous, c'était juste une farce. »

Rapport sur l'état de mes illusions est l'exemple unique d'un texte de Chiasson qui mise presque entièrement sur cette veine de l'ironie. Ainsi les deux premiers recueils de l'auteur qui opposent la gravité à la dérision reproduisent à une grande échelle les ruptures ponctuelles qu'on retrouve dans plusieurs de ces textes. *Rapport sur l'état de mes illusions* est un concentré d'humour noir dans lequel l'humour l'emporte nettement sur la noirceur, ce qui en fait le texte le plus distancié de Chiasson. Et il précède justement une mise à distance de la poésie elle-même pendant dix ans au cours desquels il ne publiera rien. En ce sens il apparaît *a posteriori* comme une expérimentation qu'on ne peut guère répéter, ni pousser plus loin. Il est, me semble-t-il, l'indice de l'atteinte d'une limite et d'une impasse, à la suite de laquelle l'auteur pourra se ressourcer et partir sur de nouvelles bases, mieux assurées contre les sirènes de l'auto-sacrifice.

Ce deuxième recueil apparaît aussi expérimental par le collage de fragments textuels et visuels et il prend parfois l'allure d'un exercice de style dans lequel les dons de Chiasson pour la virtuosité verbale et l'humour sont mis en pleine lumière. Il rappelle aussi, par son allure de travail de potaches, *L'Anti-livre*, réalisé en 1972 en collaboration avec Jacques et Gilles Savoie. Mais malgré toute sa discontinuité, le livre présente bien un dessein central qui poursuit le travail de liquidation entrepris dans le premier recueil. S'il s'agissait de mourir à une certaine Acadie pleurnicharde dans le titre précédent, ici il s'agit de se débarrasser de l'Acadie quétaine par le recours à la fonction ludique du langage et à une bonne dose de provocation. Même si le poète choisit de travailler avec la matière la plus banale, les gestes quotidiens les plus dérisoires, il ne renonce pas à transformer la réalité, à réinventer le monde en changeant le regard que nous portons sur lui.

À l'échelle du pays, Herménégilde Chiasson s'impose aujourd'hui comme une des voix les mieux articulées, comme une conscience de plus en plus claire de la situation des sans-voix et de leur rapport de force avec les détenteurs du discours hégémonique. Ses nombreux modes d'intervention sont marqués par la profondeur à la fois de la réflexion et de l'émotion, la maîtrise des formes et leur organisation délibérée et le courage d'imposer une voix discordante. Dans ce qu'il convient maintenant d'appeler une œuvre, *Mourir à Scoudouc* témoigne éminemment de ces qualités, alors que *Rapport sur l'état de mes illusions* est un contrepoint ludique qui illustre plus exclusivement le discours décapant d'un auteur dont l'originalité et la diversité des registres n'ont pas fini de nous étonner.

Raoul BOUDREAU

Mourir à Scoudouc

À

À RIMBAUD DU FOND DE LA NUIT

Je me suis déchiré comme une grande feuille et je suis devenu confetti pour tomber de plus haut, être plus drôle, plus fou qu'avant. Et je me prenais pour de la neige toute blanche qui glissait le long du ciel et frappait la terre avec des bruits de coutellerie inexplicables. Je me cherchais une nuit. J'avais oublié les après-midi de mon enfance. J'entendais des bruits de carnage, de soleils que j'écrasais dans mes mains comme de petites oranges qui faisaient dégouliner leur lumière, pareilles à des langues de feu le jour de Pentecôte que je n'attendais plus. Je mangeais du moi sans sel ni poivre, sans soupe ni pain.

Je me suis déchiré comme une feuille et je suis devenu confetti pour tomber de plus haut, être plus drôle, plus fou qu'avant, être comme la neige, être comme l'air; l'air du temps comme le soleil dans les feuilles, comme un après-midi d'automne, comme un nuage plein d'eau, comme le pain sur la table, comme le soleil qui jette de l'or sur la neige de mon pays et dans les cheveux des enfants.

COMME…

Au plus fort
Au *plusse* qu'avant
Au beaucoup plus tendre que le vent d'avril
Aux nuages qui traînent devant le soleil
À ceux qui font la neige
À ceux qui ne font rien
À ceux qui font la musique
À mes yeux qui n'en finissent plus de s'ouvrir
À mes cheveux qui font la grève du zèle
Aux feuilles prisonnières de leur arbre
Aux peintures crucifiées et comme aplaties
contre les murs
À mes pieds qui étouffent dans leurs bottes
À ton corps épinglé sur le paysage
À ton image
Au *fade out fade in fade around and back and forth*
Au bye-bye
Aux télétypes qui s'écrivent des poèmes banals et qui
pleurent la nuit
Aux automobiles avec leur cargaison de chair humaine
Aux flocons de neige, oui!
À tous les flocons de neige un par un
Aux flocons de neige qui tombent
comme on tomberait

dans un lit tout blanc de neige et de tristesse céleste
comme un grand champ de nouilles
comme une rivière de soupe
dans une enveloppe d'aluminium
Et je m'ouvre le cœur comme une étoile aux bras coupés
Et je dis que les portes du ciel s'ouvrent aussi

Entre la saison...

ENTRE LA SAISON DU FOL AMOUR ET LA SAISON DES FRAMBOISES

Tu es partie en ouvrant des fissures dans la glace d'avril qui fondait si vite, sans remarquer le printemps qui se dépêchait d'arriver cette année-là avec un vent tiède de mars qui recollait les feuilles dans leur arbre.

Et tu es partie si vite qu'une partie de moi s'est excitée dans toi; partie par des routes parmi les flaques d'eau, les bourbiers, les plaies béantes dans l'asphalte saignant l'eau sale sur nos vêtements blancs.

Et je me demandais si je finirais par traverser l'herbe pâle des brûlis et l'eau douce des dégels, dans ce voyage que j'ai pris sans billet de retour pour aller voir un jardin de fleurs tranquilles.

Il y avait des choux qui poussaient à côté, et l'on me remit un bouquet de salade. La brunante tombait les autos s'enfonçaient dans la nuit avec des bruits de réfugiés rejoignant la frontière.

J'ai refermé la porte du jardin. Un bouquet d'éternelles était posé sur la table. J'ai rouvert la porte de la maison et dehors les framboises avaient commencé à mûrir.

POUR PAS QUE TU T'ENVOLES

T'as les yeux comme des oiseaux qui vont s'envoler. J'voudrais t'écrire avec des mots nouveaux pour m'entendre dire dans une langue nouvelle que je voudrais réapprendre à parler la langue des oiseaux aux plumes vertes, te dire d'agrandir le paradis, de pousser à deux mains sur les nuages qui font rétrécir le ciel, de découper un soleil pour chaque journée; te parler comme si t'étais la dernière parole qu'il me reste à dire; te prendre le cœur à deux mains pour le garder dans ton corps, pour l'empêcher d'avoir froid pour pas que tu t'envoles; te dire avec des mots chaud comme ton corps comment on va s'appeler lorsqu'il n'y aura plus de mots entre nous et que tu seras mon plus bel oiseau tournant autour du soleil blanc sur la rivière blanche; te faire un printemps comme un grand champ de fraises en train de mûrir, pour que tu puisses te poser et faire ton nid sous les bouleaux. Et les nuages qui décollent du ciel pour aller faire la pluie dans mes yeux, parce que t'as les yeux comme des oiseaux qui vont s'envoler.

TOUS LES CHEVAUX DU ROI

Tous les chevaux du roi sont morts ensemble mon amour. Tous les cheveux sont morts dans la grande rivière bleue. Mais du fond de ma rivière, écrasé sous les cadavres des chevaux, je me suis soulevé et j'ai marché en emportant les harnais de mon cheval mort.

Tous les chevaux du roi sont morts ensemble, mon amour, dans la grande rivière bleue. Mais il n'y avait plus de roi pour posséder les rivières. Les rois avaient oublié qu'ils étaient rois, ils avaient oublié qu'ils étaient seuls, et que sans amour ils allaient mourir avec les chevaux qui s'étaient endormis pour ne plus se réveiller. C'était hier, je crois.

Tous les chevaux du roi sont morts et nous sommes morts aussi.

Nous avons glissé dans l'eau sur le pelage doux et froid des chevaux noirs étendus éventrés qui saignaient du rouge dans le bleu de la rivière.

LE 11 JANVIER 1973

Ils t'ont arraché les yeux et ils n'ont laissé dans ton visage en sang qu'une langue à ne rien faire, des paysages calcinés qui te traînaient sur les lèvres et une grande rivière de sang qui a marbré ton corps de rouge en coulant par-dessus ton cœur, ralenti dans tes poils avant de descendre lentement de chaque côté de ton sexe éclair de douleur sur tes jambes, et se sont enroulées les lignes malheureuses de ta rivière éclatée qui montait autour de tes pieds et coulaient en rigoles entre tes chevilles en passant par-dessus les veines qui blanchissaient à mesure qu'elles se vidaient.

Toi qui saignais des yeux, mon amour
Toi qui saignais des yeux
Et moi qui pleurais du cœur
Toi qui voulais t'en aller et moi qui voulais redescendre en esquif par la rivière rougeoyante où se miraient les paysages pétrifiés en inventant des ampoules dans nos mains de rameurs et nos visions réchauffées. Sur le rivage j'essayais d'étouffer dans mes oreilles la solitude des cornemuses et les visions débauchées de manitous qui dansent en brandissant leurs bâtons remplumés.

Sa descente devenait audacieuse.
Je ne me fiais plus à mes yeux.

Plus rien que la maison à la porte clouée du dedans pour la fête dont nous serons témoins par la fenêtre à la vitre éventrée.

Nous n'irons plus au bois
Nous n'irons plus nulle part
Nous nous écrirons des lettres en avril timbrées du dégel de nos sensations dans le pays d'exil pendant que l'on vérifie par la porte pour voir si le libérateur ressemble au bonhomme Sept Heures ou au Santa Claus.

Nous sommes sans passeport dans les corridors d'un pays-hôpital agrandi par les dernières neiges fondantes d'une nuit qui râle sur la table de dissection et d'étoiles en têtes de clous qui retiennent le ciel en l'air sur nos têtes.

Nous sommes des touristes aveugles, des orateurs muets, des poètes sourds, des musiciens aux doigts coupés et pour remplir l'espace entre nous, de grandes taches de silence clouées au ciel parmi les nuages assomptifs.

Nous sommes la voix décolorée, décrépite des vieux jours sirotants alors que tu dansais en collant ton visage contre la pluie.

Nous sommes assez vieux, assez loin pour voir le jour des rivières de sang se jeter dans les fleuves de lumière audacieuse.

Nous les oiseaux de braise
Nous les cormorans de sang
Nous les goélands au bec coupé

Avec des étoiles sur le cœur et la tête dans la salive

ÉCOUTE-TOI

Juste une minute. Écoute-toi. Écoute ton cœur qui tique dans tous les coins de ton corps fatigué. Écoute la descente d'une envie obsédante au fond même de ta poitrine. Tu n'entendras plus le bruit occasionnel des portes qui se referment ou, encore pire, celui de la sonnette qui fait hurler tout l'édifice de douleur. On ne visite personne à trois heures du matin, même pas les édifices vides.

Les papiers roses et jaunes se débattaient sur les murs comme pour s'arracher, se permettre la dernière folie, se débaucher dans les filets d'air conditionné, se tordre de joie et de désir en voulant se coller au mur. La trop grande douleur des objets qui se collent les uns contre les autres. La fin du monde en bleu.

Dehors les étoiles comme en morceaux de lumière qui flottent dans le vide noir. Dehors la dernière nuit. Dehors mon dernier amour. Dehors que j'aperçois à travers de grands trous découpés dans le ciel. Les cordes qui pendent du plafond et qui s'étendent le long des stores vénitiens, sans se rendre compte de leur monotone et triste existence. Les cordes qui tombent du plafond. Les cordes qui coulent du plafond. Les cordes lascives qui se donnent au calorifères en feu.

Je me regarde dans la fenêtre. Je porte une chemise bleue et je me mets le doigt sur les lèvres. J'ai les cheveux qui tombent du côté gauche et les yeux lourds à en brailler de désespoir. Je suis presque heureux.

Je suis heureux parce que je suis plus ensemble qu'avant. Je suis plus décollé, comme les papiers sur les murs, comme les chaises qui se laissent faire sur le plancher, comme les lumières qui font leur possible, comme les bureaux qui attendent, comme les fenêtres qui n'en finissent plus de s'ouvrir. Je suis comme un grand livre avec beaucoup d'histoires et des illustrations en couleur. J'ai envie de mordre dans des morceaux de fer, de faire fondre des murs de glace dans mon corps, de m'allonger les bras et de caresser le haut des arbres, de passer ma main le long du ciel, de soulever des nuages d'eau douce, de mourir, les bras dans la terre jusqu'au cœur.

GLISSEMENT

En appel des lettres écrites, à l'autorité des colombes éventrées, en autorité avec des mots qui s'épuisent, les oiseaux de paix écrivaient dans le bleu du paradis les lettres enneigées du dernier hiver. Les arbres s'étiraient dans la neige en écoutant les rumeurs du pôle Nord.

Nous sommes sortis dehors en fin d'après-midi comme en lettres moulées.

Les lettres que nous ne nous sommes pas écrites. Les téléphones non plus n'ont pas sonné pour dire à ceux qui écoutaient l'incroyable et monotone et obsédante vulnérabilité des paroles qu'on n'ose plus dire. La nuit a frappé dans notre fenêtre, mais je n'écoute plus du dedans.

C'était une nuit qui se lisait d'un coin à l'autre, comme une invitation à flâner, à tourner contre la terre, et les nuages en guirlandes comme des franges de baldaquin me faisaient oublier les coups de soleil dans le cœur et les colombes qui tombaient la tête la première autour de notre lit en salissant nos draps en rouge.

GÂTEAU D'ENNUI

Nous avons mangé la nuit comme un grand gâteau avec des sucreries d'ennui et des nuits d'amour à chaque étage. Nous avons levé les yeux pour voir les anges pousser les rêves avec des bâtons magnétiques sur les tableaux, comme des généraux changeant des flottes de mer.

Nous ne sentons plus que la grille du jour qui découpe la nuit sur les murs de nos prisons, nous qui sommes les prisonniers des continents et qui voyons avancer les flottes, cerner nos rêves, pendant que nous mangeons la nuit comme un grand gâteau bleu, et que les étoiles nous déchirent la gorge, et que coule dans le jour la rivière de nos rêves dépossédés, assiégés par le silence du soleil qui monte.

Nous mourons et pourtant nous avons mangé la nuit comme un grand gâteau avec des sucreries d'ennui et des nuits d'amour à chaque étage.

COMPRENDS-TU… LÀ?

L'envers du monde
À l'envers du monde
Le monde à l'envers
Dessus
As-tu vu le dessus du monde?
Le dessus du monde des autres
Le paradis dans un coin du monde des autres
Le paradis avec des arbres qui poussent
comme des hosties de fous en défonçant le ciel
jusqu'au soleil au bord de l'eau de l'autre côté
L'autre côté
Non, disons-le pas!
C'est pas l'autre côté du monde des autres
avec un paradis comme un gros œil qui serait le cyclope du ciel
dans la fumée des projecteurs qui prennent en feu
dans les mares d'eau de pellicules qui chauffent
Dessus c'est dedans
Dedans c'est comme une cage allumée avec des néons
et des lumières de Noël et les cathédrales qui prennent en feu
allumées par la reconnaissance des fidèles
On n'a pas besoin d'être de l'autre côté
C'est pas vrai, ça
On n'a pas besoin d'entrer dans le paradis ni de se dire
qu'on a le soleil à brûler les chiffres du calendrier

Comprends-tu... là?
Non, tu comprends pas!
Même si tu comprenais
t'aurais encore envie
de te joindre les mains et de
monter au paradis
comme une colonne d'eau
T'es pas le Messie!
Et dis-toi bien qu'aujourd'hui
si le Messie revenait
il serait en chômage

EN ACADIE…

Les après-midi de grands vents quand tu n'allais pas à l'école,
quand les nuages mettaient du temps à se transporter de bord
en bord du ciel.
Les journées où les portes fermaient mal
et qu'on te les ouvrait.

Quand il faisait assez soleil pour colorer
les brins d'herbe en jaune
Quand il a fait assez bleu pour que la mer
commence à monter
Quand la marée d'automne a noyé dans sa copulation
le chagrin de la terre
Quand mon frère peignait Évangéline qui met sa main
sur ses yeux pour regarder au loin de l'Acadie…

Creusée en blessure, légende en *chalin* à travers les planches
pliantes, la beauté bleue en départ de goélette dégoulinante en
mer et battant voiles blanches

En Acadie comme en religion.

> Messe blanche, mariage en blanc à travers les forêts
> inquiétantes, la mort en fuite dans le sommeil sur le
> dos, les bras en croix sur les fusils de la vengeance
> enneigée.

En Acadie comme en déportation.

Anglais au casque pointu, *red coat* bien chaussé de la domination, en suprématie dans nos champs de trèfle, au garde-à-vous en attendant les ordres de Boston, fugitifs attachés à l'écorce ou mutation de nord en sud, de peuple en pays, de baisers en amour. Complaintes en feuilles de bouleaux qui nourriront les feux sans fumée en attendant de vaincre la morsure du froid dans notre cervelle.

En Acadie comme en lamentation.

Chasse aux rêves, dépotoir d'illusions, miroir de doutes, l'écriture en vomissements pour noircir des pages inarticulées en oubliant le cri hallucinant des animaux qui sortent péniblement leur tête du courant en traversant la rivière.

Je recommençais à ne plus supporter le vol des oiseaux planant dans les après-midi de grands vents qui égrenaient les feuilles des arbres pour les projeter dans l'échancrure des saisons.

Acadie mon trop bel amour

EUGÉNIE MELANSON

Ni les colliers d'eau douce
Ni les encensoirs en feu
que les curés brandissaient durant les Fêtes-Dieu
Ni les bannières du Vendredi saint
Ni les drapeaux tricolores
Ni les amours perdues
Ni les amours permises, encore
N'auront fait pâlir la beauté, Eugénie Melanson
Toi dont la photo traversa les années
Pour me faire signe
Un après-midi de juin, quand le ciel était trop bleu et que le soleil descendait trop bas
dans un pays qui ne pouvait plus être le mien.
Tu étais la plus belle, pourtant
D'autres te l'auront dit, bien sûr, mais j'imagine tes yeux sombres grands ouverts et qui regardaient à l'intérieur de ton corps pour ne plus voir passer les années sur ta beauté oubliée.
Tu étais la plus belle, pourtant
Quand tu te déguisais en Évangéline pour pouvoir recréer avec des Gabriels de parade les dates mémorables d'un passé sans gloire, englouti dans les rêves et les poèmes d'antan que tu n'avais jamais lus.
Tu étais la plus belle, pourtant
Quand un dimanche après-midi un photographe ambulant saisit la fraîcheur de tes dix-huit ans et fixa, par un procédé

lent et douloureux, les séquelles imparfaites d'une candeur incroyable, rêve lent et presque sombre d'un désir de vouloir rester maintenant et toujours pour regarder le soleil s'estomper dans le ciel une dernière fois, oui, juste une dernière fois.

Tu étais la plus belle, pourtant
Parce qu'un dimanche après-midi cette photo commença son existence et qu'un après-midi de juin, ta présence m'a regardé et m'a arrêté.
Tu regardais, de derrière ton cadre, du haut de ta robe noire, le visage contre la vitre.
Tu regardais, mais tes yeux ne regardaient plus à l'intérieur de ton corps.
Tu regardais, Eugénie Melanson, je sais, tu regardais
Les vitrines bleues, les objets de piété, les berceaux bordés de dentelle, les haches accrochées dans l'établi, les charrues qui ne laboureront plus la terre, les meubles victoriens des gens qui étaient plus riches que toi, tu t'en souviens, les *fanals* à gaz qui clignotaient près de la porte quand par les soirs venteux d'automne tes cavaliers venaient te reconduire jusque sur le perron, tu regardais les foyers avec de vraies bûches de bouleau, toi qui en avais toujours rêvé, tu t'en souviens, tu regardais les carrioles qui bondissaient sur la neige les dimanches après-midi quand il y avait des vêpres à l'église et qu'emmitouflée dans les fourrures, tu croyais te rendre à la messe de minuit en plein jour…
Tu regardais tout ça, Eugénie Melanson, et pourtant…
Pourtant, tu étais plus belle que tous les rêves qui s'étaient aplatis contre la vitre par un jour de juin où, ici, comme par tous les autres jours de juin, il ne s'est rien passé.

Tu étais plus belle que les médailles du Vatican qui allaient aux dignitaires dont ton mari te disait les noms parfois et dont tu voyais les portraits dans les journaux.
Et aujourd'hui…

Aujourd'hui, vous êtes tous ici
Vous êtes emprisonnés, toi, les médailles du Vatican, le tableau de la déportation, le drapeau de lin que Monseigneur Richard avait fait faire, et tous tes rêves qui vivent derrière les vitres de cette grande cage à nostalgie.
Tu es au bout d'un corridor et tu regardes venir les enfants qui examinent les vitrines bleues et qui ne remarquent pas ta photo qui est petite et perdue en noir et blanc.
Mais tu es la plus belle, Eugénie Melanson, plus belle que Philomène Leblanc, plus belle que Valentine Gallant, plus belle qu'Euphrémie Blanchard qui sourit au bras d'Évariste Babineau, plus belle que les médailles du Vatican, que la signature de Champlain, que les cachets de cire du roi d'Angleterre, du roi de France ou d'Espagne.
Tu es la plus belle parce que je t'aime
Parce que tu ignorais qui étaient les Gibson Girls, les suffragettes, le cirque Barnum, les Beverley Follies, les frères Wright et Thomas Edison et que tu t'endormis près des berceaux bordés de dentelle.
Tu aurais dû te réveiller.
Tu aurais dû te réveiller puisque c'est alors que l'envie de mourir s'agrippa à ton corps.
Tu aurais dû te réveiller, Eugénie Melanson,
Mais tu t'endormis dans ton corps

En pensant aux vitrines bleues, à la signature de Champlain, au fort de Beaubassin, aux canons des vaisseaux français qui donnaient le feu en rentrant dans le havre de l'île Saint-Jean…
Tu t'endormis
Tu t'endormis en rêvant
Tu t'endormis en rêvant à de nouvelles déportations.

Par les bouches grandes ouvertes de portes
on ne verra plus, jamais plus! plus! plus!
On ne voit pas les portes non plus
parce qu'il n'y a rien derrière.
On ne verra plus le soleil,
les grand soleils tout jaunes
qui souriaient de toutes leurs bouches,
comme les *happy face* jaunes qui foisonnaient partout.
Les dalles sont bleues, plus bleues que le soleil jaune.
Les corridors sont hantés par les portes,
les portes qui nous bâillent au visage quand on passe
devant ou derrière ou à côté ou entre les deux,
mais ailleurs chrisse ailleurs!
Les aventures sexuelles de Martin la grande Porte
vous sont présentées par l'Union des portes unies
d'Amérique

VIVE L'AMÉRIQUE OULA!
L'AMÉRIQUE OULA!

Et les drapeaux qui traînaient dans le ciel
et les branches qui s'agrippaient désespérément à leur arbre.
Les feuilles qui roulaient sur l'herbe
comme des chrisses de folles,
les lumières éteintes qui nous regardaient
du haut de leur piédestal,
les bureaux plantés dans le silence et qui savaient
mais qui attendaient parce qu'ils savent si bien attendre
que ça en fait mal au cœur comme ils savent bien attendre.
Les arbres donc roulaient dans le ciel comme des cadavres
en mal de souvenirs de dépotoirs de vieux os rouillés
accrochés comme chez Swift qui chrisse ses déchets
dans la rivière Petitcodiac parce que ça l'amuse.
Et les déchets des animaux morts
au nom de la fortune de Swift Meat
qui nous accusent mais ça ne fait rien! rien! rien!

QUAND JE DEVIENS PATRIOTE

À Raymond, à Paul-Eugène
et à tous les patriotes acadiens!

Au plus grand possible que la terre a pu porter
En guise d'adieu
Comme les soleils de printemps quand ils s'aperçoivent
qu'ils ont la conscience de devenir trop chauds
À mourir puisqu'il faut bien passer par là
Entre toi avec les yeux comme des outardes en plein vol
ou des goélands affamés
Avec le bruit de la mer
Avec les paysages décolorés et verdâtres
des derniers jours de l'Acadie en mal de mourir
Comme si la terre allait s'ouvrir
Comme si la mer allait se dessécher
Comme si le soleil allait tiédir
comme si j'allais m'allonger les mains et le corps
pour te refuser
Comme si tu m'avais oublié en partant
Comme si je faisais ma dernière mauvaise comparaison
Comme si je me préparais pour ma grande communion
Avec tous les impossibles qui s'additionnent
Beaucoup plus haut que la pyramide pourra nous porter
Nous sommes des oiseaux avec des pierres dans l'estomac

Je suis le je de mon prochain amour sans mots
Si loin dans la tempête
Le naufrage de mes illusions en délire
L'énumération absurde
de toutes les conséquences de ma folie
L'aliénation implacable de la tempête
La mer verdâtre qui se décolore
dans une Acadie avant le déluge
Avant que nous montions dans l'arche
qui n'est pas construite
À mourir puisqu'il faudra bien passer par là
Avant de prendre des pierres dans les mains
pour résister à notre faiblesse
Avant de tremper notre drapeau dans le sang
et de lui faire une belle tache quelque part
Avant que la neige tombe de toutes les couleurs
La demi-minute avant que le ciel commence à craquer
À se dire qu'il faudra grandir parce qu'on est trop vieux
pour monter dans les arbres
À se prendre le cœur à deux mains ou à coups de pied
Comment arriver à trouver la musique et les mots
pour lui faire plaisir
La dernière chanson comme une complainte de pendu
Une Acadie où nous sommes trop peu
et où nous nous ressemblons tous
Comment arriver à écrire la peur, à parler la peur, à dire la peur, à me dire que je m'appelle Jos la Peur comme d'autres peuvent sourire et signer leur nom sur l'arrière de leur chèque et dire qu'ils s'appellent Jos la Tendresse ou le Soleil ou la Lune ou le Ciel qui est en train de nous tomber sur le dos parce qu'on prie encore les saints qu'il contient

Comment arriver à dire que nous ne voulons plus être folkloriques, que nous ne voulons plus être des cobayes d'*Acadie Acadie*, que nous ne voulons plus qu'on aie pitié de nous, que nous ne voulons plus être la capitale du *welfare*, que nous ne voulons plus être les assoiffés de la bonne piastre, que nous ne voulons plus être en *stand-by* dans un cirque ou un studio de télévision ou un zoo
Comment arriver à dire que nous n'avons peut-être rien à dire que nous sommes en train de couler comme si nous étions encore sur les bateaux pourris du colonel Monkton et que nous partions pour la Louisiane que nous sommes heureux parce qu'il y avait sûrement des Acadiens heureux sur les bateaux pourris du colonel Monkton
Le vent du défaitisme souffle sur nous,
la tempête vas nous salir
Nous avons peur de regarder nos enfants qui sont une extension de notre impuissance, de notre peur, de notre défaitisme
Comment faire comprendre, faire sentir, faire vivre que l'Acadie ce n'est pas la lèpre, que nous ne voulons plus qu'on vienne faire ses bonnes œuvres parmi nous, que nous ne voulons plus être forcés de croire que nous avons la lèpre

Questions

1. Est-il possible qu'un jour les Acadiens commencent à aimer leur pouvoir d'aimer?

Réponse : oui non indécis
autre..

2. Est-il possible qu'un jour on nous accepte comme des personnes et non comme une espèce rarissime de primates à peine évolués (Léon Thériault)?

Réponse : oui non indécis
autre...

3. Est-il possible qu'un jour on arrête de jouer au paternalisme et que nous cessions d'y croire (Paul-Eugène LeBlanc)?

Réponse : oui non indécis
autre...

4. Est-il possible qu'un jour nous cessions de nous vendre et de vendre tout ce que nous avons (Raymond LeBlanc)?

Réponse : oui non indécis
autre...

5. Est-il possible qu'un jour nous cessions de croire que la peur va prendre le dessus sur notre pouvoir d'ouvrir nos mains, de grandir et de mourir debout dans une Acadie qui nous est dûe et qui nous appartient et qu'il faut reconquérir?

Réponse : oui non indécis
autre...

À moins de mourir à Richibouctou Village d une balle en plein c ur.

BLEU

Il n'y a plus d'Acadie. Il n'y a plus de bateau noir dans la mer avec des voiles blanches qui glissent sur l'eau, notre mer, notre Atlantique, notre désir de glisser au bout du monde, mais nous sommes au bout du monde. Il n'y a plus de voilier bleu comme celui sur lequel mon père a passé la moitié de sa vie entre le bleu du ciel et le bleu de la mer. Et je m'arrêterais d'écrire si je ne savais pas que le seul espoir de voir un nouvel équipage est celui qui se fait déjà dans les yeux de mon père qui part en voyage dans son Acadie, plus loin que la mienne, une Acadie qui n'est plus un enfer mais le désir de décrocher les haches des murs de la grange et de dire que c'est assez, qu'on est arrivé au bout d'un monde qu'il faut enterrer, ou bien s'enterrer soi-même. Et je suis à me demander si cet équipage prendra la mer un jour avec un soleil dedans, si cet équipage prendra la mer devant ma mère qui prie les madones bleues pour mes péchés blancs et qui ne veut pas voir le sang rouge sur la neige blanche, ni d'étendard noir dans le ciel bleu, ma mère aux ongles brisés d'avoir trop fouillé la terre et qui a peut-être appris déjà à dire *PLEASE*.

BLANC

Nous sommes au bout du monde, les taxis ne passent pas par là, pas dans le bois, pas dans les nuages, les taxis ne viendront pas nous chercher sur la baie gelée, ni les chars d'assaut, ni les avions à réaction, les taxis ne passent pas, personne ne passe. La neige tombe en écran, c'est le bout du monde, la neige tombe comme un grand drap sur un grand lit pour un trop bel amour qui n'arrive pas ou qui ne peut pas s'en venir.

ROUGE

Acadie, mon trop bel amour violé, toi que je ne prendrais jamais dans des draps blancs, les draps que tu as déchirés pour t'en faire des drapeaux blancs comme des champs de neige que tu as vendus comme tes vieux poteaux de clôtures, tes vieilles granges, tes vieilles légendes, tes vieilles chimères, blancs comme une vieille robe de mariée dans un vieux coffre de cèdre. Acadie, mon trop bel amour violé qui parle à crédit pour dire des choses qu'il faut payer comptant, qui emprunte ses privilèges en croyant gagner ses droits. Acadie, mon trop bel amour violé, en *stand-by* sur tous les continents, en *stand-by* dans toutes les galaxies, divisée par les clochers trop fins remplis de saints jusqu'au ciel, trop loin. Arrache ta robe bleue, mets-toi des étoiles rouges sur les seins, enfonce-toi dans la mer, la mer rouge qui va s'ouvrir comme pour la fuite en Égypte; la mer nous appartient, c'est vrai, toute la mer nous appartient parce que nous ne pouvons pas la vendre, parce que personne ne peut l'acheter.

JAUNE

L'Acadie qui fond comme une roche au soleil, tranquillement nous fondons aux soleils de méthane de plastique d'acier de tout le monde du plus fort de l'humiliation collective de la patience et du raisonnement, nous comprenons tout, nous comprenons qu'après avoir demandé poliment on nous dise que nous en avons trop, nous savons dire *please a minute please pardon me please thank you so very much please don t bother please I don t mind please* et encore *you re welcome please come again please anytime please don t mention please* PLEASE PLEASE PLEASE *please kill us please draw the curtain please laugh at us please treat us like shit please*, le premier mot que nous apprenons à leur dire et le dernier que nous leur dirons : *please. Please, make us a beautiful ghetto, not in a territory, no, no, right in us, make each of us a ghetto, take your time, please.* Nous fondons comme une roche à la chaleur de l'indifférence de la tolérance de la diplomatie du bilinguisme du bien-être social de l'esprit de clocher de la patentisation du soleil de l'autruchisation de notre vue sur le monde de l'à-plat-ventrisme chronique du *stand-by please stand-by one two three* TEST TEST TEST.

ET… NOIR

À la télévision l'enterrement de Pearson, les limousines noires qui tournent, molles noires, dangereuses noires, blindées noires, les soldats qui marchent en noir et blanc. Dehors la neige blanche qui noircit, les caméras qui tournent pour la gloire, les caméras qui marchent et qui promènent leurs yeux sur les personnages blancs, blancs de tout soupçon, blanc des nuages qui tournent et du soleil caché, blanc des soutanes blanches qui chantent Bach et Haendel dans la cathédrale blanche, chromée comme l'acier blanc, et les drapeaux qui tapent dans le vent blanc contre le ciel noir.

Les Anglais qui marchent lentement, en sécurité dans leur pays, dans leurs cathédrales, dans leur religion, dans leur droit dans le chemin du roi, de leur roi sur les billets d'argent vert, vert anglais comme vert-de-gris, de Londres gris. Les Anglais qui marchent dans leur lumière, les orgues, les violons, les voix qui pompent comme des couleurs de régiments numérotés, comme des couleurs pendues au bout des bâtons et plantées dans les murs des cathédrales d'acier érigées pour durer jusqu'à la mort, la mort noire dans les limousines noires qui tournent aujourd'hui en noir et blanc, qui tournent au mauvais temps.

CŒUR EN ACIER

Cœur en acier fondu comme ville morte le long des châteaux d'acier et d'oiseaux de plomb survolant les villes pleines de vent.

Les fleurs qui menacent de se fermer en automne, bientôt.

La musique qui va ralentir et geler en hiver dans notre corps, ailleurs.

Et le silence entre deux coups de tonnerre, la dernière fleur d'acier qui va s'ouvrir, peut-être.

La terre toute bleue encore.

Et nous sommes partis en voyage. Nous sommes tombés dans une ville d'autobus dorés, avec du monde en couleur, des palais d'acier et des trains de porcelaine blanche qui défonçaient la nuit à la vitesse des lumières qui flambaient au bord de la ville près de l'eau. Les feux sur l'eau comme sur la glace en hiver, les autobus qui brillaient des pierres de soleil, avec le monde qui s'envoyait la main, avec des enfants qui dessinaient leurs rêves en couleur sur des barricades.

Les visiteurs et les princes prisonniers des capsules, les belles étoiles qui tournaient leurs pointes dans nos yeux et les soleils qui brûlaient de l'autre côté de la planète. Sur ton corps entre deux soleils, sur mon corps entre deux hivers, avec des autobus pleins de rêves qui ne s'arrêtent pas.

Le soleil demain matin va se coller au plafond du ciel.

Je suis parti en m'endormant dans un train de porcelaine fêlée, à travers la noirceur, vers la fin de cette journée-là. Et je me suis réveillé dans un autre pays, avec mes cartes d'identité, avec un crédit incroyable dans une banque étrangère. Une banque qui ouvre à minuit et ferme à huit heures, des carnets de chèques pour acheter des champs d'étoiles. Des gens qui me demandent la couleur du ciel, des gens qui me demandent si ça a bien marché, des gens qui me demandent l'heure. Et moi qui leur réponds ce qu'ils veulent entendre.

Mourir à Scoudouc

Scoudouc comme une grande nuit couchée en travers du ciel
Scoudouc où es-tu j'entends ta plainte désespérée dans la nuit toute fine seule
Je suis venu voir la fin comme un ciel déchiré en forme de fin du monde parce que je ne savais plus attendre la fin en forme de cœur rouge de satin bordé de dentelle blanche parce qu'il me semblait que je verrais la fin si je me rendais à Scoudouc un endroit seul et grand comme un trou
Scoudouc était calme aplatie dans le soleil aplatie sur la terre comme une feuille
Aplatie et si calme que j'entendais les mouches les arbres et l'herbe qui remuait la terre enfonçant ses racines jusqu'au cœur de cette planète tassée et dure comme une brique
Mais la verdeur de l'herbe qui poussait à Scoudouc était comme un cirque qui ouvrait dans mon cœur des portes de plastique où s'enfonçaient les couleurs où se précipitaient les sensations du monde contre ma peau
Je suis descendu de l'auto
J'entends encore le déliç de la porte et le drôle de tremblement qui a secoué l'auto tout entière et la porte qui s'est écrasée dans le cadre de métal et la poignée chromée qui a miroité dans le soleil le temps de passer dans la lumière entre les arbres et ma main humide.

Je sentais mes pieds sur l'asphalte chaud le bruit du sang qui courait comme un fou d'un bout à l'autre de mon corps qui s'engouffrait dans mes veines comme des cataractes

Devant moi sur le pavé se trouvait Monsieur Net l'esclave libidineux des commerciaux de savon qui ont fait la joie de mon enfance commanditée par Proctor and Gamble
Et l'homme de Glad qui ressemblait à Monsieur Net et qui mettait les déchets dans des sacs de plastique verts pour les laisser à des ramasseurs de déchets de nationalité canadienne-française
Et le chevalier Ajax qui était tombé en bas de son cheval et s'était enfoncé la lance de bord en bord du corps
Ils étaient tous là et je ne comprenais plus rien
Pourquoi étaient-ils venus troubler la paix de cette journée dans un Scoudouc mes amours le *fun* qui vivait sur son tas de fumier et qui faisait bye-bye aux mouches amoureuses des cubes de sucre?
Pourquoi étaient-ils venus alors que Scoudouc
priait comme une folle dans sa petite église à deux clochers?
Pourquoi étaient-ils venus?
Peut-être parce que Scoudouc était sale
Peut-être parce que leur vaisseau avait manqué de carburant entre deux planètes et qu'ils avaient choisi l'herbe de Scoudouc pour rattraper le temps perdu
La bonne herbe douce de Scoudouc qui goûtait l'agneau en hiver et le soleil en automne

Je me suis traîné dans le champ
Je sentais que je devais me cacher dans l'herbe haute du bonheur du tendre désespoir de l'idiosyncrasie et du sensualisme époque du 7e siècle alors que les Arabes inventèrent l'étrier et se lancèrent à la conquête du monde chrétien le rêve américain évanoui et perpétré la mort mauve comme les lilas blancs qui pendaient aux arbres en grappes de raisins

Scoudouc devint froide, froide, froide, c'était l'hiver ou si ce ne l'était pas ça aurait bien pu l'être peut-être
Scoudouc était perdue dans une nuit qui n'existait pas une nuit trop noire ou pas assez et qui s'était installée jusqu'au cœur des choses, qui s'était enfoncée dans la solitude
Scoudouc était perdue
Le soleil descendait toujours plus bas dans un
tunnel jusqu'au cœur de la terre en feu
Le soleil descendait comme il aurait pu monter comme il aurait pu éclater et comme un œuf brûler Scoudouc de son jaune comme s'il était descendu du ciel pour dix nuits de suite
Je suis retourné à l'endroit où se trouvait l'auto
Je me suis cherché une pelle et je me suis creusé un trou
Je me suis couché dans mon trou, j'ai tiré une
couverture d'herbe verte sur ma tête
Et je suis entré dans ma nuit une autre fois
J'avais peur parce qu'il n'y avait pas de lumière électrique je ne peux pas me coucher sans lumière électrique sans savoir qu'il y a quelqu'un qui me donne la lumière

Je sentais les racines de l'herbe sur mon dos et je me suis aperçu que je nourrissais l'herbe
J'entendais l'intimité de la terre
j'étais prisonnier du vagin de la terre
J'entendais les roches qui glissaient et les racines
qui s'enfonçaient et qui bougeaient à travers la planète
Les arbres qui s'étiraient et qui défonçaient le ciel
Je ne pouvais me rendre à la mort
Il fallait que je me lève il fallait que je vive dehors sentir le vent de mes pores sentir encore une fois ma main pleine de terre contre la porte chromée de l'auto arrêtée quelque part dans mon cerveau

J'entends encore le déclic et la porte qui s'ouvrit toute grande
comme un corps de femme
comme un paradis comme l'univers
La porte qui s'ouvrit toute grande et qui me
poussa au visage l'odeur rance du vinyle chaud
Je levai les yeux en l'air
Les nuages se démanchaient dans le creux du ciel
et descendaient de façon inquiétante vers le
royaume de Scoudouc
Du statique et soudain le plus beau son du monde
L'Évangile qui s'en venait du Cosmos comme des musiciens rock avec les anges en robes de polyéthylène argentées qui trompétèrent dans ma gorge la sensation d'une nuit passée en dehors de mon corps avec mon cœur qui revenait d'un pays étranger par avion dans une boîte de plomb dure comme de la neige fondante

J'ai ouvert le volume de la radio au maximum au plus fort que mes oreilles pouvaient entendre entendre le cantique de mon siècle celui qui sera peut-être le dernier
Scoudouc devint comme une cathédrale avec des arches et des anges dans les arcades qui se livraient à des gestes obscènes
Scoudouc devint comme une cathédrale avec l'auto
son arche d'Alliance le moteur qui tournait au ralenti et la combustion qui empoisonnait les fidèles en robe blanche qui priaient en silence
Scoudouc devint la cathédrale avec l'auto son arche d'Alliance qui diffusait les tables de la Loi
Je suis sorti dans le silence du ciel bleu encore et des arbres qui poussaient dans leurs racines, pour collectionner les reliques du dernier siècle

Les étiquettes de Chiclets les boîtes de conserve les boîtes de lait Carnation à moitié rouillées les sacs de *chips* les enveloppes timbrées les anciennes lettres déchirées les fenêtres barrées à double tour les mégots de cigarettes et les bouteilles de liqueurs douces au cœur du sauvage
Toutes je les ai déposées sur la terre la plus propre l'herbe la plus propre et j'ai supplié la planète
Scoudouc et l'univers entier de bénir le culte du désespoir du ciel trop bas
Parce que parler c'est pas la mer à boire mais c'est le ciel à avaler
comme un peu tout le monde qui pour parler
fait une grande consommation d'air
qui est bleu
parce que photographié de la lune

La maison du silence

INVENTAIRE DU 25 AVRIL 1974

A – Considérations habitantes et géographiques

La maison emmitoufflée dans son silence entendait le tapage des notes de piano mineures qui couraient d'un bout à l'autre du corridor en répétant de vive voix que 3 et 3 font 7 plus que jamais

La maison coincée entre la chaleur de la nuit et les phares d'automobiles rétrécissait de plus en jour en pensant aux luminescences absorbantes des soleils de tungstène.

La maison se dissimulait dans le noir tandis que les grands prêtres découpaient la nuit au chalumeau pour faire apparaître des morceaux de champs convertis en tabernacle d'idoles technologiques

La nuit des robots aux yeux de saphir qui poussaient leurs audaces métalliques jusque dans nos dortoirs.

Les chapelets de maisons copulaient avec l'asphalte des grandes routes et les jeux d'herbes pâles suicidées pour éviter la digestion lente, la torture ascétique dans les viscères des chevaux aux tentacules débridés.

B – Intermission

Au centre de mon énumération, un palais de tube de verre vagit tranquillement sur une montagne de crème rose d'amour en guimauve.

C – Commercial

Couchons-nous ici et attendons la marée de Dream Whip pendant que le *waiter* prépare notre capsule de kérosène.

D – Flash n° 1

Nous sommes sortis dehors aspirés par un cri d'ahurissement, vers les cinq heures, la main sur les yeux en galerie de doigts, pour voir des stridences de disques blancs qui oscillaient très haut comme des perforations corrosives dans la soie bleue du planétarium tremens.

E – Flash n° 2 Cadavérique A Départ

Puis il y eut un cadavre embourbé dans la satinerie d'un fleurage vert et rose de tenture démodée. Peigné et suçant de la réglisse il se berçait entre deux crises d'indisposition. Il disparaît mais il reviendra plus tard.

F – Flash n° 3 Cadavérique B Retour

Une grande maison blanche en crinoline et de nouveau la raideur des départs, l'impatience en forme d'arrivée ou de disparition à peine préparée. Le monde en métamorphose dans une bouteille de gin Beefeater.

G – Flash n° 4

Et l'enfant des concepts de papier et de feuilles alignées se remet à hurler dans la fermeture des portes verrouillées. Sa mendicité devient obscène. Il s'engage dans un cirque après avoir lu, dans un journal, une annonce pour un jongleur pouvant jongler avec neuf cerceaux.

H – Épilogue en forme d'illustration macLuhanesque

Je suis près de la radio, bientôt je serai dans elle et puis enfin comme elle. Mes oreilles sont branchées dans le mur, mes jambes ont maintenant quatre roues, mes yeux font des travellings dans le paysage, mes doigts font des sorties dans l'espace et dernièrement j'apprends à manipuler les boutons qui font fonctionner mes lèvres.

I – Application concrète

Et quand je passe dans la rue les arbres s'arrêtent de pousser, ils suspendent leurs racines et se plantent au garde-à-vous.

J – Réflexion asphyxiante

Moi, moi, qui n'ai jamais pu sentir l'obscurité, moi, je lèche mon sang et je m'en veux beaucoup de ne pas être déjà robotisé.

INVENTAIRE DEUX

Le plancher verni
la musique emplissait la pièce poussait sur les murs
l'horloge tiquait il faisait noir
le cendrier était plein de cendres
les peintures étaient comme accrochées dans le vide
le chat léchait son poil
les livres étaient immobiles les portes fermées
les objets étaient devenus silencieux
et la plume faisait une ombre oblique
le papier était blanc la table était bleue
la lampe noire les coussins en fleurs
(C'était la saison des coussins)
Tu vois, tu n'as pu résister à une impulsion romantique

Rapport sur l'état de mes illusions

Tant que nous gardons le voile sur notre visage et ne l'enlevons que pour essuyer nos larmes nous ne pouvons produire qu'un monde de craie, vite travaillé, friable et fondant à la pluie. Il faut absolument arriver à une éclosion à travers nos revendications post-bibliques.
Tout ce qui consiste à nous abrutir même dans notre discours ou notre texte doit servir à nous décongestionner, à faire comprendre au nom de l'abrutissement humanitaire l'horreur des solutions qu'on nous inflige. C'est dans la mesure où nous ne demanderons que ce qui revient de droit à tout homme et évidemment aux mieux nantis que nous pourrons donner un sens à nos revendications. Autrement nous participons de la même course, tout notre potentiel sera retourné en culpabilisation du fait que nous avons trafiqué avec la cupidité, le règne de l'avoir toujours plus que l'être.

Enfin, dans une optique d'assouvissement matériel, il faut dénoncer le langage même qui nous opprime et ce, dans une optique *vaccinatoire*.

Cette dissolution pourra alors se faire suivre ou s'accompagner du demi-ton qui, en un siècle à peine entamé, avait donné le blues (les bleus, la complainte)
La musique du samedi soir lavé rasé en chemise blanche l'accordéon la musique à bouche la guitare le violon qui violente de ses sons mélancoliques

la léthargie du paysage inquiète la quiétude de la non-assumation dans l'écho intemporel.
L'hiver ce long poème qui nous engourdissait de frimas dans les vapeurs du souffle le visage figé dans le matin une poudrerie giflante a humilié en le transperçant le vent des jours de temps.

Non, je n'ai pas oublié que je me suis oublié.
Les mains ne guériront pas ton mal de cœur hein?
C'est pas grave.
Je l'ai gravé dans mon cœur.

« J'ai ta photo dans ma chambre » J. Farago

J'ai traversé dans tes lèvres embuées un désert échancré qui m'a conduit sur une mer de plomb vers une oasis de neige.

Un pays de friche et d'abcès me montrait sa convalescence et l'eau baignait des îlots chantants, et poussaient les clous de la chauve-menace.

Une joie boréale ondule sa promesse inassouvissible, insubmersible, incorrigible et les mains dressées retendues allumant encore des feux sur les berges pour que les vaisseaux passent dans le ravin.

J'ai respiré le silence des parfums de la nuit d'une

Lever la robe de l'inoubliable pour voir le sexe de l'irréparable.

Où nous tenons-nous dans cette course ce projet?
Plus on se réinvente et plus on s'abstient.
Ces mots (je parle des mots d'aujourd'hui) ne
semblent nous appartenir qu'au moment de
s'évanouir, de s'enfuir dans le déraisonnable.

Contre ce cri je veux trois pieds carrés de ciel bleu
un corps de femme et un paysage japonais – trois coups de
pinceaux si beaux que leur mélancolie deviendra corrosive
dans le blanc de ma page.
Jouer aux échecs et perdre sa reine en partant.
Est-ce que c'est ça le désespoir?
Non, pas vraiment.
Ce serait plutôt Claudel rentrant chez eux dans
une maison qui s'était faite en son absence.

Mes cheveux ont si tant poussés mais – bien qu'ils
estoient si longs qu'ils me *barroient* la vue – je n'arrive
pas à me résoudre à aller chez le barbier… etc…

Tiens, voilà-t'y pas des violons glacials *asteure*… etc…

Finalement il faudrait écrire des couleurs et des odeurs.
Proust?
Une écriture à mi-chemin entre vivre et mourir
Perdre sa vie à mesure qu'on l'engrange.

RÉFLEXIONS INTERMITTENTES

1. L'avoine pousse dure et drue dans l'été des Anglais

2. Il bleute à la grandeur du temps

3. Les arbres enfoncent leurs racines dans mes neurones, se cimentent dans ma mémoire

4. Les fleurs s'échappent du vagin où on les avait pourtant clouées à coups de masse de trois cents livres

5. Quelques maringouins (des éternels) agressent de leurs vrombissements les vagissements solitaires d'une ville excessive

6. Brenda Boleynia mange son Corn Flakes à la pelle dans une feuille de banane de béton armé

7. Le bandage des pénis en *plywood* découpé fait jaunir de honte le gazon en attendant d'aller forniquer avec les nuages
Le temps se couvre dans tes yeux

8. J'ai chargé l'Acadie en Images sur quatre roues de charette et je l'ai poussée en bas…
… à la dompe

9. Hal Mutt pleurait tout fort dans son salon

Son mobilier en Spanish Provincial flottait dans le trop plein de sa douleur

10. Sa douleur devenait obscène

11. Qui donc trouvera les mots pour consoler son gros cœur meurtri

12. Acadia Crush Stone flambe
La roche concassée prend racine dans l'eau tiède de l'Atlantique de tes jambes entrouvertes où j'ai germé bouleau seul contre la blancheur polaire de la dernière bordée
Une fusée traverse l'atmosphère de ta chaleur

13. Les morues pleurent dans la mer en syntonisant CBAF – mille trois cents kilohertz sur notre bande MA
14. Hall Mutte tassa son rideau
L'acagonie reverdissait

15. Il enfila si vite ses culottes courtes qu'il éventra son cone d'ice cream à deux boules qui fondait avec son cœur dans le nylon de l'Ozite du salon bleu

16. Les rideaux saignaient

17. Halle Moutte dévissa son phallus et le rangea soigneusement sur la table à côté de ses autres prothèses

18. Ste. Jacqueline de Caraquet et Ste. Raymonde de Dieppe, je peux bien vous le dire maintenant que la marée de notes pianotées a englouti les autres sons dans mes oreilles et à la radio

19. Maintenant que ma légende acadienne a sombré dans les pianos roucoulants et que Codiac Hubbub organise des bingos, je peux bien vous le dire

20. Si Damas s'est paqueté cette nuit-là
S'il s'est endormi les dents gelées dans la glace
devant la cabane à sucre
C'est pas à cause du Vodka, c'est pas parce qu'il était tombé sans croix devant les saintes femmes que vous êtes

21. Si Damas s'est endormi
C'est parce qu'il n'en pouvait plus de supporter les nuages assombrissants
C'est parce qu'il y avait trop de saloperies jaunes qui traînaient dans son ciel en trois couleurs.

Leonard Jones veut faire entrer Dieu au gouvernement...

(CP) — Les Canadiens devraient "épousseter leurs bibles" et faire entrer Dieu dans le gouvernement, a affirmé, à Moncton, mercredi, Leonard Jones, membre indépendant aux Communes et ancien maire de Moncton.

Il a déclaré à la réunion annuelle de la Fédération canadienne des poussinières, à Moncton, que le pays a connu plusieurs scandales politiques et des problèmes croissants avec l'alcool et le crime.

"En politique, la foi est discrète par son absence. Aujourd'hui, les hommes adorent le dieu de la puissance, de la popularité et du plaisir."

Lui-même, M. Jones, ne serait "qu'un simple chrétien de bon sens représentatif du peuple, un membre ordinaire du Parlement."

"Parfois, il est difficile d'être indépendant mais les tories et les grits me rendent la tâche facile. Ils ne veulent pas qu'un indépendant s'en vienne mettre de l'huile même sur un feu à froid de peur que la fumée n'en sorte."

Il a commenté que les deux partis politiques canadiens majeurs sont socialistes et "nous allons perdre notre liberté et nos droits."

"Il est temps que nous fassions quelque chose devant cette marée de mal."

et muets n'est jamais facile. Les tableaux sont "crucifiés" au mur; la photo d'Eugénie Melanson se détache péniblement de la brocante victorienne où elle se trouve prise. La poésie ne consiste d'ailleurs en rien d'autre qu'à accéder au statut de represénté. Le poète imagine volontiers son image collée à une vitre: "Je me regarde dans la fenêtre." Ce sera alors "la fête dont nous serons témoins par la fenêtre". Eugénie Melanson a eu cette chance d'échapper à l'histoire. Il faut coller à soi-même: "Je suis heureux parce que je suis plus ensemble qu'avant. Je suis plus décollé."

Cependant la fenêtre à laquelle le poète colle son visage a une "vitre éventrée". La poésie reconnaît ainsi sa contradiction centrale: commencée dans l'euphorie du tourbillon, elle est finalement sécurité de la fixation. Déchirement, elle devient enregistrement. Il fallait tout de même qu'elle garde la trace de son ivresse du discontinu.

● ● ●

7. Le poème intitulé "Questions", qui se présente sous la forme d'un questionnaire semblable à ceux qu'utilisent les enquêteurs des instituts de sondage, n'a donc pas seulement une fonction parodique. Les réponses laissées en blanc appartiennent à l'ensemble des discontinuités qui animent le recueil. Mais l'épiphrase finale: "A moins de mourir à Richiboucto u Village d'une balle en plein coeur" remplace toutes les réponses possibles, avec une volontaire théâtralité. Après avoir laissé à ses lecteurs le sentiment qu'il les interrogeait (personne ne perdrait son temps à répondre à tous ces sondages stupides si nous n'avions tous l'illusion qu'ils satisfont notre désir de nous exprimer, alors qu'en fait chacun n'y est jamais considéré que comme une unité statistique, multipliable et coefficientable à merci), le poète pose pour la postérité en martyr acadien. Après avoir garanti le sérieux des questions en utilisant des citatjons de compétences nationalistes, il manifeste son humeur avec un romantisme bouffon. Il avait pourtant ouvert jusqu'à l'absurde la liberté de réponse, en ajoutant "autre" à "oui/non/indécis". Il referme la fissure avec le même humour. Ce texte est donc une parfaite illustration de la contradiction qui habite sa poésie en tant qu'artefact, elle est matérielle; en tant que complice de la liberté, elle est impalpable.

● ● ●

8. Que signifie la prolifération du récit? Pour l'essentiel, la poésie moderne est une poésie du présent, quand elle ne se contente pas d'être une succession de substantifs. S'il lui arrive de différencier les temps, ce sans quoi toute narration est impossible, c'est le plus souvent pour opposer globalement l'actuel au passé ou à l'avenir. Il est rare que cette différenciation aille plus loin, qu'elle puisse préciser l'ordre successif d'un certain nombre de procès découlant les uns des autres. Au contraire, page 37, Herménégilde Chiasson commence un poème par "Et": c'est dire que rien ne peut être considéré isolément. Tout est effet et cause, même le commencement. Dans le même texte, "donc" constitue visiblement une marque de narrativité. Le présent succède à l'imparfait à la

Les mots m'échappent s'effilochent sur les bords de ma mémoire je déchire les voiles cette flottaison la pollution biblique du piano
Blue on blue heartache on heartache.
Plus rien ne me retient plus à moi-même que le kaléidoscope dans ce paysage qui se *kaléidoscopise.*
Un jour je pris la lorgnette par le petit bout… et…
Comment faire tenir le vide de ce discours qui ne se fie même plus à sa réinvention?
Comment tenir ce discours sans que personne ne vienne l'exorciser de son contenu irréparable incurable innommable et pour tout dire impondérable?
Il doit bien y avoir autre chose à dire que de raconter l'infixable légende, l'inoubliable sacrifice de ces vaisseaux qui pliaient leurs mâts dans le nordé des soirs d'orage, l'inaltérable soif d'eau salée.
Où trouve-t-on le moyen de tourner son mal de cœur du dedans de soi vers la page?
Répandre sa vomissure dans les livres reliés, même si on sait que c'est très, très mal élevé.
On est en droit de se demander comment ça se fait et oser y répondre.
Ce n'est d'ailleurs pas toujours aussi drôle qu'on veut se le faire dire. Non.
Ce n'est même pas décollable non plus qu'ingurgitable
parce que tout est perforable, contre-collable, cartonnable, codifiable, insoluble.

L’oncle d’Abougou H. se couchait derrière le poêle

Abougou H. n’était pas encore venu au monde que déjà son oncle dormait derrière le poêle chez eux.
C’était un après-midi d’hiver, alors qu’il ne savait plus trop quoi inventer pour faire reculer l’indésirable blancheur de la neige qui bloquait son regard et la dureté du froid qui engourdissait son visage qu’il avait été tenté, et avait plus tard succombé à l’envie, de laisser caler son corps dans la chaleur bélangéenne et de mixer la consistance de son être dans le fleurage réchauffé du mur *papiété*.
C’était comme si désormais cette idée s’était creusée dans sa tête, il ne pouvait plus se retenir et Abougou H. apprendrait bien jeune à reconnaître chez lui cette deuxième nature.
La bouche de son oncle *jammée* contre la patte du poêle et qui salivait au neutre, pour rien, sans s’emplir de mots, tout son visage aplati dans le plancher se noyait dans les rêves de morues qu’il filetait l’été, suant, les mains pleines de limon, de sang et d’entrailles.
Il avait oublié sa maîtresse dont la lèvre majuscule et disproportionnée avait jusque-là embaumé le paysage de ses nuits brumeuses alors qu’il mélangeait la boisson à son désir pour lui donner, dans la vase des *canals* et l’odeur du foin coupé, les écartèlements orgasmiques qui lui faisaient crier le trop-plein de sa jouissance à travers la musique *westernisante* qui lui plaisait tant.

Il avait oublié son père, le destructeur d'arbres de Noël, celui-là même qui, grand-père d'Abougou H., hurlait sa détresse de loup-garou dans les nuits échos et froides du mois de novembre et qui maintenant trouvait sa consolation dans l'armoire cadenassée dans laquelle il avait entassé l'abondance mensuelle et *coopéenne*.
Il avait oublié le dessèchement de sa gorge et les fringales qui le travailllaient au point de lui faire déplacer son œil vitreux dans la cuisine des *bootleggers*.
L'oncle d'Abougou H. s'éloignait du paradis, vers les cantiques et les missels qu'il ne savait pas lire, les cheveux pleins d'écopeaux qui flottaient autour de lui, entre la boîte à bois et l'armoire à vaisselle, sous les crucifix et les rameaux, son corps voguait tranquillement sur l'océan déchiré du *prelart*.
L'oncle d'Abougou H. s'était évanoui en plein milieu de sa grosse assurance pour ne plus entendre parler des grands-messes et des indulgences plénières; retenir son souffle en attendant l'éclatement de sa révolution et la formulation de sa tendresse.
En attendant, son respir emplissait la pièce et le soutenait dans son voyage à travers les journées pleines d'eau et de neige fondue.
Il sentait la tête lui dégeler.
C'est comme ça qu'il voyait venir le printemps avec le ruisseau qui montait presque dans la maison pendant la semaine sainte.
L'été s'en venait.

Ce serait bientôt le temps de mettre son Mercury sur le chemin et d'aller se plonger les mains dans l'eau froide et le limon de morue.

LUTTE INTERNATIONALE

ARÉNA J.-LOUIS LÉVESQUE

LE LUNDI 14 JUIN, 21 HEURES.

EVÉNEMENT PRINCIPAL

COMBAT RETOUR — SANS TITRE

Combat aves les chaines — Une chute jusqu'a la fin

The Beast CONTRE **The Brute**

DEMI-FINALE

Une chute — 45 minutes

Pour le championnat par equipes des Maritimes

Frenchy Martin et **Mad Dog Martel** (Champions) CONTRE **Leo Burk** et **Mike Sharp** (chalengeurs)

Evenement special — une chute — 20 minutes

Lewis Fleetwood contre **Rudy Kay**

2e combat — 1 chute — 20 minutes

Dennis Zapla contre **John Firpo**

1er combat — 1 chute — 20 minutes

Meil Guay contre **Stève Romero**

Les billets pour les sieges pres de l'arena sont en vente chez Keating's

PRIX D'ENTREE

Pres de l'arene	$3
Estrades	$2
Enfants	[illegible]
de moins de [illegible]	

Désagluti de Vergogne chercha sa cigogne dans une nuit de verglas. Pas capable, sur la montagne du loup. Frappa dans le dégât et dégourdira l'éclat du pas sur le cas du tas déjà le branle-bas tressa un *stella* (*stia*) tout ça arriva pas pour ça arrête donc là.

Une branche glisse dans la caresse verdoyante du soir de nuit, une lune de vent hurle à son bleu de nuit. Une patinoire qui dégèle. Tristesse. Inscrivez ici une larme givrée. Est-ce qu'on en trouve encore? Lune en suçon, un enfant glouton avale son violon et fait du son sous son édredon.

Pousse sur le bouton et allume la nuit. Les arbres secs. Les patates sur le champ, le pain dur sur la table, le couteau a défoncé le corps de l'animal. Tristesse.

La pluie a baigné la transparence blindée de ma vitre qui pleure son inconsolance. J'entends les coups de hache dans le bois qui blessent mon oubliance de la jouissance de l'*insouvenance*. Ciel en *laitance*, les *écrivances* m'ont demandé des mots que je ne pouvais pas leur prêter. Reste pas dans le chemin, la gravelle finira par te crever les yeux. Samson tournait sa meule devant Dalila qui lui avait coupé les cheveux.

Un arbre pâle demande pardon à la terre d'avoir blessé son ventre de ses racines lancinantes.

La paille coupée embaume cette nuit d'été d'un parfum jaunissant qui défonce la chaleur de l'obscurité. On ne demande pas de comptes. Le travailleur marche derrière son cheval. La journée derrière la nuit. Jeannot Lapin est content d'être en voiture. Tout ça n'a pas de muqueuse. Non, mais ce n'est peut-être pas vraiment nécessaire.

Triste comme une saison détournée et un oiseau qui s'en va même si son ventre d'acier inoxydable n'a pas pondu l'œuf de notre délivrance.

Ce matin-là, l'Acadie volait sur les marécages, les étangs bleus, dans son propre demi-ciel de sucre emprunté au voisin.

Un B-52, qui passait par là, cribla la terre dure de ses obus répétés jusqu'à l'os, ouvrit des plaies purulentes dans l'herbe douce, fit éclater les miroirs des marécages dans son mirage aveuglant de boue.

Il s'agissait, vous avez deviné, d'une curieuse sorte d'oiseau. D'une sorte d'oiseau qu'on n'avait jamais vue dans les parages et on n'y fit pas attention, on n'y prit point garde si tant était mauvaise la condition des chemins de notre belle *parouesse.*

L'Acadie mangeait son ciel laiteux dans sa gamelle en étoile jaune pure *stainless steel, made in USA approved by your federal, provincial and municipal standards.*
Dans le bois les feuilles de peupliers gémissaient leur attachement à des arbres douloureux et couverts de pansements.
Dans l'eau, les poissons tièdes glapissaient leur impuissance, prenaient une dernière gorgée de mercure suicidaire.
Le temps a changé
C'est un drôle de temps
C'est le temps ou jamais.
Les Acadiens – Les Sagouins – remettent leurs plumes se carnavalisent un peu plus.

« Il faut comprendre pourquoi on est comme ça. »

Voyez-vous, plus on comprend son impuissance moins on est obligé de la vivre, c'est beaucoup plus drôle.
Pensez-y, c'est bien plus drôle, non?
Donc il faut se saborder.

Brûler

Brûler les quais, les écoles, les universités, les parcs nationaux, la baie – en y mettant du pétrole elle flambera (essayez, ça a déjà marché, à Londres, durant la guerre, sûrement – les envies, les amours, les cœurs en satin – Brûler mon cœur, brûlez mon cœur au feu du vôôôôtre (tous ensemble, chantez bien fort pour que le bon Dieu vous entende)) – les livres – des autodafés, oui, oui, des autodafés, comme au Moyen Âge – oui, même les rêves, mais il faut les brûler lentement, un par un, comme un joint qui se déporte de bouches en lèvres.

Il ne faut rien changer surtout
Il faut brûler
Brûle et chante, ô vaste o-océan, berce, berce-moi sur ton sein…
La tactique de la vraie terre brûlée.

Et alors nous serons prêts pour les charades, les messies de Blue Circle, les rameaux d'olivier dans les bouteilles de Schooner, les sacrifices humains sur la plage de Parlee Beach* quand le soleil tamise sa tiédeur dans un ciel fiévreux et que l'Acadie fait sa prière pour que les chèques d'assurance-

Chômage, les chèque du *Welfare* et les chèques du Secrétariat d'État rentrent à temps.

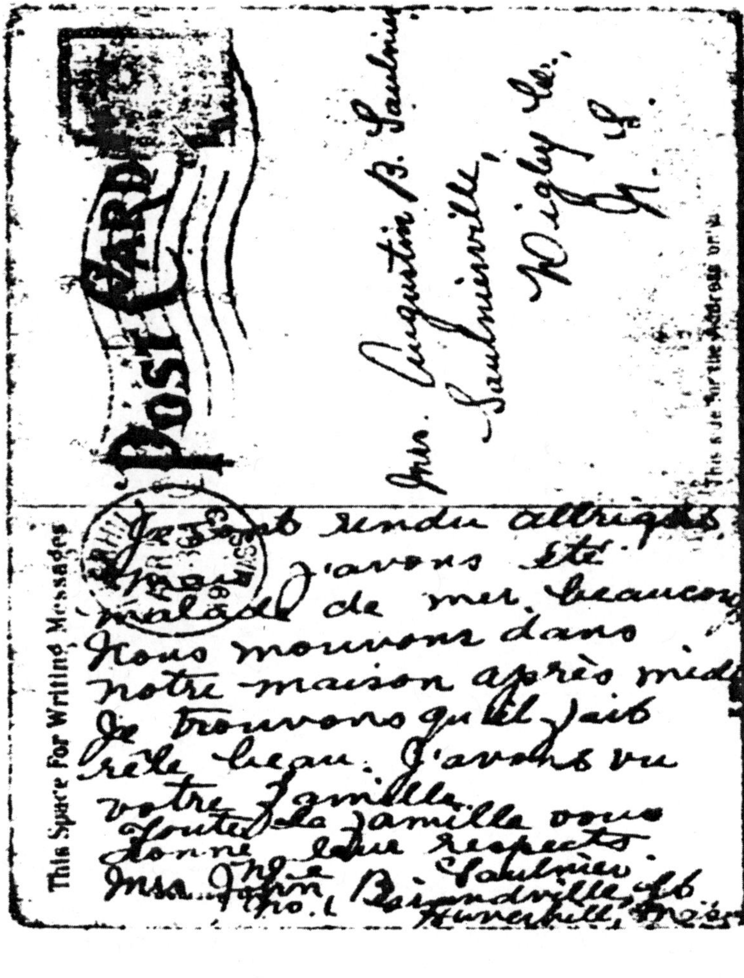
POST CARD

Mr. Augustin B. Saulnier
Saulnierville,
Digby Co.
N. S.

This Space for the Address Only

This Space For Writing Messages

Je suis rendu allright.
J'avons été
malade de mer beaucoup
Nous mouvons dans
notre maison après midi
Je trouvons qu'il fait
rèle beau. J'avons vu
votre famille.
Toute la famille vous
donne leur respects.
Mrs. John Saulnier
No. 1 Boisndville, 66
Haverhill, Mass.

*Les eaux les plus chaudes au nord de la Californie.
Achetez, achetez.

Alors ta bouche s'entrouvrit rose (une bouche peut-elle être d'une autre couleur que celle du parfum de l'évanescence, de l'évanouissement du sourire dans l'arrière-pensée, le pays de la mauve quiétude, l'inquiétude qui frappe à travers le regard) et expira les mots de la *dodécadence.*

En ce temps-là, il en vint à se dire qu'il valait sans doute mieux les chutes de pétales de roses bleuissantes que de vouloir saisir en plein vol une main de 100 pour 200.

Oui, c'est bien à ce moment-là que la rosée s'est posée et qu'il fut élevé dans les sphères de la consternation, après avoir compris qu'on ne dépasse jamais deux fois le même cap, même si la terre est très loin et qu'on sait par prémonition qu'il y a des récifs, que la navigation en mer peu profonde est un danger constant et que les noyés n'ont jamais servi à personne.

Il vaudrait mieux, du moins c'est notre intention à nous tous, ne pas s'attarder à la pensée des roses, car en ces temps qui ne présagent rien de bon, les roses sont très mâles venues et d'ailleurs a-t-on vu des roseraies en Acadie dans les pneus (entendez « *tire* ») couchés sur le côté? Il n'y a de la place que pour le chiendent de la *détendresse*, les fleurs patentées de la détrempe et le *plywood* qui fracassait mon regard en y enfonçant des échardes, moi qui regardais courir au loin les chiens désexués de la pureté d'intention et des indulgences plénières.

C'est la raison pour laquelle j'estime que la pureté dans la dureté des lèvres et une certaine ivresse du désir sont à proscrire. Je sais que cette décision sera malvenue, qu'elle causera un désarroi total, mais après-tout je suis le petit roi et je voudrais bien que l'on m'obéisse lorsque bon me chanteras-tu quelque chose de drôle.

L'hiver vient et il désira si fort avoir un arbre de Noël que ses larmes *stalactitaires* finirent pas tirer sur son visage au point où l'on craignait pour sa santé.

Qu'il me soit dit en caractère gras,
Amour et Jalousie extrémisantes,
Camisole de force de l'étreinte dans les merveilles,
Fondait le beurre chéri de la décoloration, colo,
Cloisonnement et emmuration, asphyxie coniférente,
Recherche de *l a peu pressé* dans le désir bleuâtre,
Frappe dans le mille et tourne ton dard dans ton étendard,
Il mourut comme il n'avait jamais vécu.

INVITATION AU PUBLIC

Le public est cordialement invité à assister à la cérémonie de remise de doctorat honorifique au Président de la République du Sénégal, Son Excellence Léopold Sedar Senghor, le mercredi 23 juin à 10h30 à l'auditorium de la Faculté des sciences de l'éducation.

UNIVERSITÉ DE MONCTON

1.

Un rabat simple a percé ma joue dans le bruit blafard d'une fumée virevoltant à la synapse du soir.
Une nuit désétoilée qui filait, araignée du bonsoir sur sa tiédeur, un sel amer a libéré ma joue et le corps de quelqu'un d'autre a retrouvé cette évanescence incantatoire, prière qui fut jadis au secret de mes lèvres, les mots capiteux d'un soupir *vaginant* qui descendait, liquéfiant baume dans mes mains.
Un regard a figé sa lueur dans ma joue comme ce trou grandissait, un soleil distillait dans ma gorge les larmes chaleureuses de la nuit sifflante dans son cadenas enchaîné à ma journée.
Un bruit tendre fait glapir les feuilles de joie *torsionnées* dans la racine d'une prière dansante dans sa robe de feu sur le bouleau blanc et réchauffant, ton corps lie ses mains autour de mon inassouvissable *consternance.*
Cloué dans son drap, vagin qui fleurit dans mes lèvres.
Un péché en œillet *colimace* son étouffement jusqu'au sourire *majusculaire* grinçant des autres rivages.
Un chalutier glisse tranquillement dans le bleu, la suie de son trajet inonde d'huile son passage tranquille dans la poêle où un poisson abandonne sa chair à la cuisson.
Une fleur pousse sa solitude dans le givre de la fenêtre; une lumière réveille son indiscrétion en pleine nuit; l'éclair du jour embaume ma gorge d'une caresse humide.

Ce désir n'a plus sa faim.
Le matin l'étire comme un rideau et le paysage s'efface.
Paysage de foin ondoyant et de spasmes bleus, une porcelaine fragile s'est donnée en écran à mon corps en feuilles.

2.

L'eau boira la pierre et le temps nouveau s'en ira comme une horloge à la dérive sur un glacier esseulé.
La feuille qui tremble au parti pris rêve de nuits éteintes et de nuages de craies pressant leur volume sur un soleil de suie.
Un pays comme un automne flambe son édredon à la chandelle d'un compte-gouttes distillant la souvenance.
Voix qui traîne accrochée aux ailes d'oiseaux, un instant oubliée dans une maison qui s'est faite dans la glaciation.
Dansiez-vous dans ma nuit ou l'irisation sablée de la neige criait-elle la pierre dans la main vers la descente caveautée de la honte?
Mélancolie du reflet, un silence de caoutchouc esquisse un crissement dans l'asphalte consciencieux d'un peuplement bleu qui jaunit.
Le froid est entré sans frapper.
Un bateau *radeauise* une autre dérogation par la montagne, l'Arche restera en orgasme perpétuel.
Enfance du dialogue des fleurs qui aurait cru que le lacet fermerait en son corset un temps chauffé *odorifiant* du bois qui flottait sous le souffle paternel près de la noyade.
Le tricot de nuit a terminé en larmes un monde de carton qui ne demandait que le don de la flamme et le supplice chaleureux d'un ovule qui criait dans la tranquillité de la cuisson matinale.

3.

Une journée sans histoire a décidé de nous.
Aujourd'hui condamné.
Pourquoi une écriture si *fatalisante*, le salut par le bas?
Bientôt, personne ne croira les mots que dans leur inassouvissement.
Chanter les louanges, se nommer au temps agglutiné, porter sa cicatrice, la montrer et s'entendre souffrir.
Prendre ses larmes pour des perles qui creuseraient des cris diamantés à la surface de ses joues.
Se regarder à la télévision de son indifférence, fouiller sa dérive, lui donner un demi-tour vers le rêve halluciné.
Tout ça pour distraire l'inutile.
Parler la langue craintive d'un arbre coupé.
La *chain saw* ne pourra jamais découper des trous dans la glace de janvier.
Seul le sang finit par *geleoder* dans la neige bleutée d'un cri d'ambulance.
Brancher son cœur dans le frigidaire et croire au réveil artificiel d'un éclatement atmosphérique.
La trompette angélique *décibelise* la soif du toujours-être dans le portefeuille de la *détendresse.*
Puis il traversa des cloîtres, des marais, des embouchures mal dévidées, des terrains remplis de madriers silencieux et il arriva dans des cours à *scrap* (*junkyards*) illuminées de candélabres, d'étoiles *occitanaires*, de morues bavardes et agressantes, d'illicos

barrés, un désir s'ouvrit en lui comme un cancer. Ce n'était pas le temps de traverser le gué prévu dans la mer rouge pour la fuite du peuple chéri et il s'en rendit bien compte.

Avait-il préféré dédire les patrimoines qui lui crevassaient le cœur à des milles à distance, préférait-il les bâtons supporteurs de membres sans os ou bien s'était-il fait une raison des millions d'années-lumière passées sur une baie anonyme, impointable, inencerclable quand les autos passaient près de lui traînant les ski-doos, doos, doos de l'apocalypse aux ailes coupées.

Craignait-il les faibles rebondissements de l'âme et les bateaux, les goélettes à dix cennes qui le faisaient rêver et qui pourrissaient maintenant sous leurs duretés *geleodées*. Voulait-il dire qu'il n'avait plus les mots piégés dans le plafond des églises *orguementées* (*orguenisées*) ou disait-il simplement de son demi-sourire triple sec qu'il avait découvert la chaleur incommensurable, la beauté inconsolable des drapeaux blancs qui tapaient dans le vent de cet après-midi éteint et là? Tu t'en souviens-tu?

De quoi se souvenait-il au juste? D'un bain bleuâtre, d'une mer teintée magenta qui lavait les plaies matinales, d'un escalier et d'une valse langoureuse, de la perte de ses illusions qui descendaient d'un écran de cinéma pour se mélanger aux rêves qu'il faisait dans son lit.

Au fond et pourquoi le cacher? Il n'arrivait plus à se dédoubler, à se donner l'ultime décoloration, à se faire dire, montrer comme une maison-roulotte traînée par une compagnie de déménagement.

Était-ce pour toutes ces raisons ou pour bien d'autres qu'il n'arrivait plus à localiser, qu'une nuit fraîche pleine d'odeur de charbon il enfila son manteau et s'en alla écouter des histoires de vagin dans une taverne bilingue d'Elmwood Drive.

BOXE PROFESSIONNELLE
ARÉNA DE CAP-PELÉ
LE VENDREDI 11 JUIN 1976
20H30 — LES PORTES OUVRENT À 19H30.

ÉVÈNEMENT PRINCIPAL

DONNY SENNETT 135 BOSTON	CONTRE 10 REPRISES	**AHMET TASCI** 135 HALIFAX

DEMI-FINALE

ULYSSE DOIRON 170 MONCTON	CONTRE 6 reprises	**WAYNE MARTIN** 170 SHÉDIAC

TROIS AUTRES COMBATS EN PLUS

DAVE WILLIAMS MONCTON	CONTRE	**BOB BRAKE** HALIFAX
WAYNE CORMIER MONCTON	CONTRE	**ROLLAND THÉBEAU**
LEE HARVEY BOSTON	CONTRE	**BOB JOHNSON** HALIFAX

Les billets sont en vente chez 'Glenwood Kitchen .
Pres de l'arène $5 --- Estrades $4

10 INCANTATIONS POUR QUE LE PAYS VIENNE

Nous la nommerons Acadie cette terre de suif et de chevreuils éventrés aux tripes sorties toutes fumantes dans la neige.

Nous la nommerons Acadie cette odeur de cierge éteint et de métal sonnant la charité, le déluge, le baume et le *lumen christie.*

Nous la nommerons Acadie cette marée éclatante d'automne qui essuie sa colère sur le cap de l'impuissance et qui vient troubler notre sommeil en fracassant ses larmes.

Nous la nommerons Acadie cette fleur qui s'allume à même la verdure dans la défiance de la saison du cheval et du cri rauque de l'agonie hivernale du porc.

Nous la nommerons Acadie cette pierre qui hier encore inondait notre cœur du désir amer de l'inconstance et de la parole sourde et de la constellation laiteuse d'un miel enfui dans le creux du paysage.

Nous le nommerons Acadie ce vent d'est en ouest qui faisait *girer l anparavant* des bateaux et qui s'est écarté un soir de doux temps pour s'en revenir déclencher les portes de l'asteure dans le roulement du tonnerre; nous échouer sur le sable de noces dessinées en feuilles de thé sur les murs de faïence.

Nous le nommerons Acadie ce ciel troué, coloré à la cire, sarclé d'habitudes et de cicatrices pleurant dans le mouchoir de l'épopée la grossesse à terme d'un temps mort comme un caillou tremble et pleure le retour de la prochaine vague.

Nous le nommerons Acadie ce trou béant, fausse commune, catacombe de la survie à la chandelle qui fond son hublot dans le frimas et qui débouche au silence fleuri, le corridor de la noirceur agrandi par les lèvres douces de l'humidité.

Nous le nommerons Acadie ce printemps égoïnant qui violonne la violence au fond de nos capillaires; ce printemps de la sève-marée déferlante jusqu'au bout des branches pour faire éclater les feuilles; ce printemps éjaculation; printemps-cri; printemps de la misère reprise et de l'humilité abolie.

Nous le nommerons Acadie ce mot longtemps lâché, longtemps pointé, défiguré, ce mot séché entre les pages, ce sang qui pisse, cette colère qui brûle les yeux au feu de la honte, ce sperme qui gifle la brunante et qui s'en va dans la salive chaude d'une rivière aux ondulations de femme baignant le corps nu d'un homme nouveau.

Terre soleil,
Terre réveil,
Terre vermeille,
Terre sans pareille;
renonce à ton soleil d'eau; quitte ta veille plombée; vomis ton miel durci; renonce à ton réel mutilé; viens en nous comme nous sommes à toi.

Soif de réel et murmure de nuit épinglée jusqu'où montera le froid pour que je ne me souvienne jamais de la douceur du jour.

Nous la nommerons
Acadie cette fleur qui s'allume.
[illegible] la verdure ~~[illegible]~~
dans la défiance de la saison
du réveil et du cri
sanguine de l'agonie hivernale
du gel.

Nous la nommerons Acadie
cette [illegible] qui [illegible] encore
[illegible] notre cœur du
désir de l'inconstance ~~[illegible]~~
et de la parole ronde et de
la constellation laiteuse
d'un miel enfui dans le
cœur du paysage.

Nous la nommerons Acadie
ce vent d'est ou ouest qui
~~[illegible]~~ faisait virer les bateaux
et qui [illegible] un ciel de deux temps pour s'en
[illegible] ~~[illegible]~~ les portes échouer
~~[illegible]~~ nous emportait
sur les récifs de [illegible] dessinés
au fond ~~[illegible]~~ d'une tasse de thé
[illegible] feuilles de thé ~~dans la [illegible]~~

C'est l'automne.
Le bon pêcheur acadien *halle* son bâteau sur le cap et les morues se souviennent les nageoires saignantes au vif dans le mercure.
Elles vont crever dans leur hiver et les enfants diront qu'elles font la planche quant ils montreront leurs ventres blancs dans la glace au printemps prochain.
J'ai envie de fendre ma corde de bois en attendant…
Ouvrir (fileter) le temps en deux d'un grand coup de hache… etc… etc…

S'en tenir à l'écriture, à la nomenclature, à la description et laisser faire pour la couleur, le geste et l'effet.
Oui mais si ça fait mal tu peux pas t'empêcher de crier.
Vraiment?

Connaissez-vous le catalogue des images incurables?

Comprendre avant d'agir.
Attacher, ficeler, ligaturer, menotter son poème. Ex. : une ligne imperméable suivait la plume qui éjaculait des mots noirs dans le quadrillage bleu pâle du papier.
C'est la même chose…
Non, pas vraiment; du moins, je ne crois pas.
Se demander combien de chiffres dans son numéro d'assurance sociale

Oser dire tout fort – dans la taverne si possible – les chiffres de sa plaque d'immatriculation et dire ensuite que le fort de l'expression est étranglé dans ce verbal en état de dépliage avancé.
Et pour le reste, il y a le catalogue Eaton, mais là encore Apollinaire nous avait peut-être devancé.
Lui ou Blaise Cendrars.
Lettre d'amour dans un pays incertain.

Ce n'est pas le dédale du commencement qui me préoccupe au moment de succomber et de donner le coup de barre vers l'occultation de ma faiblesse.
Ce serait déjà une réjouissance dans l'inconstance et toujours mon désir malsain de vivre la noyade en perdant les alliés qui me restent sur mon échiquier aux pièces volantes, ma partie de dames et mon bingo involutif où il faut remplir sa carte avant de gagner la chute dans le démembrement littéral.
Ce fait qui me tourbillonne et m'enchaîne alors que les nuages, toujours les nuages, pressurisent ma demande à la prise de pouvoir contre mon abolition à la transmission irrémédiable du cri.

Quand les vitres éclateront d'elles-mêmes et que tu pourras parler de colombes, même si ce sont des réalités qui n'ont plus grande conséquence à l'assouvissement, la réalité n'est pas encore touchée et le plomb pèse lourd dans les ailes à la veille de notre envol conditionnel.

Quand les trous dans ta tête pourront s'agrandir à la dimension visionnaire et que le vent fera son courant frais du soir pour sécher notre assumation collective, alors la vision *engeôlée* se fera regard *cinémascopisant* dans la défonce de l'écran-trou, et de ce labyrinthe s'enfuira le maléfice de notre engourdissement.

Quand une fumée étrange servira de témoin à notre triomphe dans cet univers de cendres et de débris flottant au *trécarré* de notre immolation et à l'audace de saisir chaque feuille qui tourne au vert comme autant de sons d'espérance et de désirs à la saison violentée d'un avenir incertain avec les plaintes anticipées qui nous retiennent dans les cachots de l'endurance.

Parce que tous les jours on nous fait mal, tous les jours on nous fait fléchir le genou puis courber la tête comme autrefois devant nos idoles aux maléfices inconsistants.
Parce que tous les jours on nous humilie et que nous ne savons plus quoi crier ni comment le vociférer au vent volontaire qui rôde depuis si longtemps dans les parages de notre air embrumé.

Parce que nous n'avons plus rien à rallier à nos paroles difficiles qui nous échappent pour s'enfuir à travers ce rire fabriqué, malaisé, et venir se perdre dans notre corps hystérique – silence d'un hiver à la neige salie qui nous consomme comme un éclair d'acier, le vent éparpille nos mots comme autant de pages violées de l'encre de nos lamentations imaginées et de révoltes vécues dans l'hypothèse.

Parce qu'on fait planer sur nos têtes la doléance d'une continuation improbable et tourmentée qui hurle sa folie dans les fentes ajourées d'une maison qui pisse sa chaleur au soleil d'acajou pendant qu'un nuage de latex est en train de *spreader* sa *désolance* dans les fers rouillés qui nous retiennent enchaînés sur ce pays dans cette planète démanchée.

Tout ceci et le mal d'éclater du dedans, attendre le départ tant attendu tant qu'on n'aura pas règlementé la fonction finale et qu'on hésitera encore dans les questions thermostatiques.
Tout ceci et le mal d'éclater du dedans nous retient de ne pouvoir dire l'assumation totale et lucide du « nous » de dénoncer le « je » plénipotentiaire de faire éclater la porte de la prison qui nous barricade devant le « tu » ou de dénigrer le « vous » d'abdiquer de peur devant le « il » (paranoïa) et de figer dans l'impuissance d'un « ils » (« on ») pervers et intraquable parce que persécutant.
Décidement il faut abolir l'ordre personnel, lui trouver une nouvelle orientation *insubstantielle*.

Regarder à gauche, ailleurs, laisser son regard dévaler vers ce qui pourrait être l'ouverture, l'échancrure, l'inconsistance ou la dissolution des mots dans le monde des objets qui heurtent tant et autant, à tous les jours, qu'on n'arrive plus à les soustraire à la tyrannie de la présence ou à la puissance de notre imagination.
Le sacrifice du *déregard*.
Vouloir ne plus regarder ou ne plus *déregarder*, ne plus défaire l'accord du dérangement.
Satisfaire ni plus ni moins à l'exigence du *trépassement* matériel, courir au-devant de la trop grande *accaparance* de la couleur, se laisser sombrer dans l'austérité du noir et blanc.
Présupposer en signe avant-coureur toutes les circonstances qui nous ont déterminés, qui nous ont démolis par la simple résonance de la voix, la perte de la suridentité qui s'affirmait

alors comme une simple immolation du quotidien, un trait d'union qui n'en finirait plus de s'étirer à travers la page. La rédemption par le travers plutôt que le bout. La fin.

VILLAGE INDIEN ET CHAPELLE STE-ANNE

EN 1842, QUAND LES MICMACS DE LA POINTE
VIRENT LES GENS DE MEMRAMCOOK COMMENCER
UNE GRANDE EGLISE EN PIERRE ILS SE CONCERTERENT
POUR CONSTRUIRE EUX AUSSI UNE PETITE CHAPELLE EN
BOIS. LEUR CAMPEMENT COMPTAIT VINGT-TROIS CABANES
ET ÉTAIT SITUE SUR LES LIEUX DE LA CHAPELLE.
A L'AUTOMNE DE 1843 LA CHAPELLE STE-ANNE
ÉTAIT CONSTRUITE BENITE ET LE SAINT SACRIFICE
DE LA MESSE Y FUT CÉLÉBRÉ POUR LA PREMIÈRE FOIS
PAR LE REVÉREND FERDINAND GAUVREAU
CURÉ DE LA RÉGION. LA MESSE N'ÉTAIT CÉLÉBRÉ
QU'AU 26 JUILLET, FÊTE DE LA STE-ANNE,
LEUR VÉNÉRÉE PATRONNE.

• PERSPECTIVES - JEUNESSE •

CONSONANCES VULGAIRES

1.B. Brûle ton bulb et braque ton bat dans le bibop badgeolant.

2.C. Casse ton cash et crache ton casse dans le caca-collant.

3.D. Dresse ton dard et défais ta déesse dans le dada désaccordant.

4.F. Flatte ta fesse et fume ton fun dans les flic flac faux-filants.

5.G. Gruge ton gage et graisse ta grosse dans les gougou gagatantes.

6.H. Halle tes hardes et hache ta hûche dans les haha haletantes.

7.J. Jack ta job et joue ton jack dans les joujoutes jalousantes.

8.K. Krisse ton kasseau et kalvérise ton kazoo dans les king kong kik-kolantes.

9.L. Lis ton livre et livre ton lit dans le lolo lonlairisoire.

10. M. Mange ta marde et marche ton mille dans la mama-mangeoire.

11.N. Noie ta noix et niaise ton nœud dans le nono-nouaire.

12.P. Pacte ta plotte et pogne ton pet dans le pipi préparatoire.

13.Q. Qualisse tes culottes et qualipige ton Q dans le cucu cutané.

14.R. Ronge ta ragoûtante et rugis ta rage dans les rues ruralisées.

15.S. Saoûle ton strike et slack ta swing dans la summer set sling shottée.

16.T. Traîne ton tas et tasse ta torche dans les totounes tonitruitées.

17.V. Vénère ta vulve et vivifie ton vagin dans le va-vite du va-et-vient.

18.W. Watch ta Wouate et wois-wouère dans le wawa des woisins.

19.X. X-tropie ton extase et excuse ton x-lax dans les xxx des examens.

20.Z. Zénobise ton zob et zorganise ton zub dans les zizis du zinzin.

EN BLEU DANS LE TEXTE

Changer de couleur d'intensité dans les mots
Ignorer ce qu'ils disent ne plus se fier qu'à ce qu'ils peuvent nous promettre
Ce qu'ils menacent de nous divulguer
Ce que l'on voudrait tant connaître
depuis le temps qu'on a perdu l'envie de lever le voile
Ce serait-il une *déshabituation*
comme échanger une peau pour un corps et vice-versa?

J'aurais assez voulu parler directement oublier le recours comme l'arrogance des mots dans lesquels j'ai fini par m'enfarger pour ne plus reconnaître que la confidence du déregard

Qu'est ce que c'est, le *déregard*?

C'est comme regarder entre les choses plutôt que de les regarder là où elles veulent qu'on les regarde.
Ou quelque chose comme ça

Tous ces efforts entrepris pour regarder autre chose.
Déménager ses yeux.
Tourner la manivelle devant son regard et y voir se dérouler tous ces paysages de carton, des images qui s'enroulent autour de ma mémoire pour se coller les unes dans les autres.
Tout ce vide qui se plastifie à l'intérieur de ma souvenance d'une fine couche de cellulose.
Chaque souvenir entremêlé au point d'évanouir l'espace dans le temps

Je m'habite plus que la république d'Orange située à l'ouest-sud-ouest de la planète d'A.

Seul demeure ce faible entrefilet qui s'enfuit à la vitesse d'une bobine de fil recousant les échancrures d'une fuite sans marche arrière.

L'aiguille segmente l'horloge de ses sauts brusques.
Les émissions de l'ORT sont terminées.
ORT – orange rêveuse et transie.
La république Orange vous abandonne à l'heure acide, sans pépin, *Sunkisse*, Floride.

Moins fort, moins fort, la claviérisation du mot dans le coin de la page, moins fort! Tout ce troupeau de moutons en plastique qui mangeaient la décoloration dans la coupe chaude, le nez collé dans le barbelé de la concupiscence. Amen.

Ô effusion, ô délire, ô parole, ô *blue power*, ô *blumenship*, ô Wow! Ôte-toi de devant, ô stridence *décalvâtrée*, ô ahurissement tonitruant, ô truie, ô range-toi donc, ô rage de dent, ô muraille de la solitude conjurée, ô les beaux, les beaux, les beaux! Les beaux quoi?

Qu'avait-il inventé dans ces pays assombris et dans ces moments récalcitrants pour conjurer l'impossible candeur de son pas saccadé et de sa mutation qui ne souffrait plus le délire de la fièvre jaune non plus que le silence feutré de la neige molasse et *jello-i-sante,* dans tous ses 29 printemps qu'il avait empilés dans son cartable.

Qu'avait-il extrait de ses yeux et de sa moelle *kaléidoscopique* pour faire reculer la *magnation* de l'abrutissement, ce déchaînement irréductible du dolichocéphale qui lui criait de revenir.

Puis s'effrita, comme un *chocotage* existentiel, la soif de la peur, de l'envie de courir nu-pieds et la polarisation des étoiles qui giraient dans ses yeux beaucoup trop.

La fin adverbiale l'attirait, il y voyait un état de *détristesse* et de consternation aussi charmant que les moutons pris au piège de leur déplaisir et se tordant d'ivresse dans les plumes de plastique.

Il beuglait maintenant, lui, bulldozer, énuclé; stridence, amour et *flook* s'accordaient en genre mais pas en nombre; il n'y fit pas attention et amplifia le pli ample que dessinaient les mots dans les synapses de sa plume.

À VENDRE

DRAPEAUX ACADIENS

Deux (2) grandeurs

le petit: 22" x 36" - $6

le grand: 3' x 6' - $12

Si vous désirez vous procurer un ou plusieurs drapeaux acadiens, veuillez vous adresser à:

La Société des Acadiens du N.-B.
80, rue Church
Moncton, N.-B.

Résumons.

Vivre la réalité à travers le verbe littéraire ou me servir de cet outil qui consiste à greffer des mots dans le papier pour lui faire dire une réalité que je voulais rêver. Réinventer; même cette réinvention tient plus de la résurrection que de la réalité. Ainsi l'on pouvait obnubiler le présent en le renvoyant soit dans le passé ou le futur de l'acte, et ainsi contourner le doute et la désespérance.

Pervertir la quétainerie, les gestes du quotidien mais en autant qu'ils tiennent du littéraire. Si l'on veut ne pas faire dire aux mots ce qu'ils ne peuvent pas dire. L'indicible n'existe pas puisqu'il n'est pas tel.

C'est alors que nous pouvons parler de fonction ludique qui ne serait pas démission ou tristesse ou désespérance, mais réinvention à partir du principe du plaisir de la réalité avoisinante.

Il a ouvert le ciel avec sa clef comme une boîte de laiton

Il a mangé un nuage qui ressemblait à une sardine

Il a ouvert la porte de son auto avec sa clef comme une boîte de sardines

Il a salivé dans un matin bizarre un liquide jaune et épais comme de l'huile

Il a attelé sa jument rose et, enveloppé dans un essuie-mains bleu pastel, il a défoncé la muraille de papier qu'il avait toujours crue de briques

Il s'est excusé d'être dans un monde noir et blanc

Il a fait un long et obsédant mouvement de caméra panoramique sur la barbe du Père Noël et ses innombrables poils qui lui apparaissaient comme autant de bouleaux solitaires et frileux

Il s'est levé de sa chaise

Il faisait blanc, à la page qui se déroulait impitoyablement devant lui, il avait suspendu quelques mots qui la faisaient plier dans le centre, pourtant on lui avait défendu de jouer avec le feu et en mettant les pieds sans ses souliers, il embraya dans une journée mauve qui ressemblait plus à un *banana split en mackenna* qu'à un bol de Corn Flakes dans un monastère dominicain du XIIIe siècle.

Note de l'éditeur

La réédition de telles œuvres soulève de nombreuses questions qui commandent des choix éditoriaux, notamment en raison du caractère artisanal des ouvrages originaux.

Si notre souci premier a bien entendu été de redonner à lire le plus fidèlement possible les deux recueils qui inaugurent l'œuvre littéraire d'Herménégilde Chiasson, des modifications s'imposaient néanmoins. Ainsi, nous avons procédé à la correction des coquilles et des fautes de tout acabit et réaménagé la disposition de certains textes. En outre, nous avons mis en italique les mots empruntés à l'anglais et à l'usage de la langue parlée de même que la plupart des néologismes créés par l'auteur.

En accord avec l'auteur, nous avons décidé de présenter le texte de la page 76 dans sa version initiale, c'est-à-dire amputé de sa fin. Le texte des pages 106 et 107, étant donné sa nature particulière, n'a pratiquement subi aucune altération.

Enfin, tous les documents visuels reproduits dans ce livre sont tirés de l'édition originale de *Rapport sur l'état de mes illusions.*

Du même auteur

(suite de la page 4)

En traduction

Conversations, Goose Lane Editions, 2002
Available Light, Douglas and McIntyre, 2002.

HERMÉNÉGILDE CHIASSON

est né en 1946, à St-Simon en Acadie. Comme écrivain, il a publié dix-huit livres. Parmi ceux-ci, *Mourir à Scoudouc*, *Vous*, *Miniatures*, *Climats* et *Conversations* (Prix du Gouverneur général 1999). Au théâtre, il est l'auteur de vingt-quatre textes dont *Cap Enragé*, *L'exil d'Alexa*, *La vie est un rêve*, *Aliénor* et *Laurie ou la vie de galerie*. Au cinéma, il a réalisé dix-sept films dont *Toutes les photos finissent par se ressembler*, *Le Grand Jack*, *Robichaud*, *Épopée*, *Photographies* et *Ceux qui attendent*. En arts visuels, il a produit 25 expositions individuelles et participé à une centaine d'expositions de groupe. Il détient des diplômes de plusieurs institutions, dont un Master of Fine Arts de la State University of New York et un doctorat en philosophie de l'esthétique et sciences de l'art de la Sorbonne. Il a présidé plusieurs organismes, dont l'Association acadienne des artistes professionnels du Nouveau-Brunswick, le Centre culturel Aberdeen, les Éditions Perce-Neige et les Productions du Phare-Est. Il a mérité le prix France-Acadie pour l'ensemble de son œuvre écrite et les Prix d'excellence du Nouveau-Brunswick pour son œuvre cinématographique et littéraire. Le Québec lui a décerné l'Ordre des Francophones d'Amérique et la France l'a fait Chevalier des arts et lettres.

TABLE

RECYCLÉ
Papier fait à partir
de matériaux recyclés
FSC® C103567

Marquis imprimeur inc.

Québec, Canada
2012

Imprimé sur du papier Silva Enviro 100% postconsommation
traité sans chlore, accrédité ÉcoLogo et fait à partir de biogaz.